A vítima tem sempre razão?

●●--

Francisco Bosco

A vítima tem sempre razão?

Lutas identitárias e o novo espaço público brasileiro

todavia

Introdução 7

1. Da cultura à política 31
2. O novo espaço público no Brasil 55
3. Marchinhas, óleos e turbantes 89
O caso das marchinhas 93
O caso do turbante 111
O caso do clipe de Mallu Magalhães 129
O caso da "fiel defensora de estupradores" 135
O caso do doping por óleo de massagem 149
O caso Idelber Avelar 163

Conclusão 183
Agradecimentos 191
Notas 193

Introdução

Na manhã de 8 de março de 2016, Dia Internacional da Mulher, na altura do quilômetro 12 da rodovia Raposo Tavares, em São Paulo, uma grande faixa foi estendida no alto de uma passarela. Nela se lia: "Bucetas Ingovernáveis".

A faixa era emblemática. Suas meras duas palavras a um tempo resumiam todo um amplo movimento em curso, bem como encerravam o essencial de seu sentido. A chamada "primavera das mulheres" eclodira no ano anterior, fruto de um processo de ações feministas que vinha desde a Marcha das Vadias, iniciada ainda em 2011; passando pela campanha #chegadefiufiu, lançada pelo coletivo Think Olga, em 2013; e culminando na grande manifestação urbana, já em 2015, contra o deputado Eduardo Cunha, autor do projeto de lei 5069, que tornava ainda pior a já calamitosa situação das práticas abortivas, da perspectiva da saúde pública e do controle sobre o próprio corpo; na catártica campanha #meuprimeiroassedio, que tomou as redes sociais; na Marcha Nacional das Mulheres Negras; na Marcha das Margaridas; no surgimento do blog #AgoraÉQueSãoElas, espécie de ocupação feminista no jornal *Folha de S.Paulo*; entre diversas outras ações.

O conjunto dessas pautas aponta para o seguinte mecanismo social: o *poder*. A Marcha das Vadias (Slut Walk) surgiu, como se sabe, no Canadá, em resposta ao comentário de um policial. Diante de recorrentes casos de abuso sexual em Toronto, ele recomendou às mulheres que, para evitá-los, evitassem se vestir como vadias. A pauta da marcha se tornou, assim, o direito à irrestrita circulação do próprio corpo no espaço público. O direito ao corpo é também o ponto das lutas pela descriminalização do aborto, bem como o foi da campanha #chegadefiufiu, contra os assédios sexuais no espaço público, e da campanha #meuprimeiroassedio. A Marcha Nacional das Mulheres Negras e a Marcha das Margaridas trazem uma perspectiva intersecional, articulando ao problema de gênero, respectivamente, os problemas de raça e de classe. Todos esses movimentos agem no sentido de revelar, denunciar, desconstruir e, finalmente, de tentar transformar as relações sociais que limitam os direitos e impedem o reconhecimento de identidades minoritárias (mulheres, negros, homossexuais, pessoas trans, intersexuais), rebaixando a sua experiência social. As práticas concretas, cotidianas, responsáveis por esses efeitos deletérios configuram relações de poder.

Nem sempre visível a um olho nu, isto é, que naturalizou as redes de forças sociais, o poder se exerce por uma astúcia: preservando a liberdade fundamental do outro. O poder não é da ordem da violência física direta, da anulação total da liberdade do outro, e sim de mecanismos mais ou menos sutis de discriminação, controle e humilhações. Que por sua vez produzem experiências subjetivas de intenso sofrimento e experiências sociais de isolamento, desagregação, exploração, pobreza material. São as relações de poder que moldam uma sociedade, determinando o campo de possibilidades de seus agentes. O poder é como um regente invisível que estabelece a forma como a orquestra toca. Ele rege, regula, dirige. Nos termos de Foucault: "O poder é menos da ordem do afrontamento entre dois adversários [...] do que da ordem do 'governo'".[1] E governar, por sua vez, "é estruturar o eventual campo de ação dos outros".[2] Essas lutas citadas acima, bem como as lutas identitárias em geral, têm como objetivo desestruturar o campo de ação tal como proposto pelo poder. Elas dizem *não* para o seu governo. São *bucetas ingovernáveis*.

Ora, o poder, efetivando-se tantas vezes de modo sutil, corrói uma instância fundamental para o pleno desenvolvimento da experiência subjetiva de cada indivíduo. Essa instância é aquela que a matriz filosófica hegeliana chama de *reconhecimento*. Seres sociais que somos, nossa experiência é radicalmente intersubjetiva. Dependemos do reconhecimento do outro para ascendermos a um sentimento de segurança sobre nossa própria realidade, uma vez que a realidade é ela mesma uma experiência intersubjetiva. E, entretanto, o preconceito, forma proeminente do poder, faz com que muitos indivíduos, por serem de antemão enquadrados em identidades desvalorizadas pelo sistema da tradição, não sejam devidamente reconhecidos. Esse déficit de reconhecimento pode se manifestar em formas jurídicas, isto é, em leis que favoreçam determinados grupos em detrimento de outros (um exemplo gritante é o sistema Jim Crow, racismo de Estado vigente nos Estados Unidos até os anos 1960), bem como em práticas de discriminação social. Estas últimas são tão degradantes quanto as primeiras. Pois, como observa Axel Honneth, "para chegar a uma autorrelação bem-sucedida, ele [o ser humano] depende do reconhecimento intersubjetivo de suas capacidades e de suas realizações".[3] Assim, caso não o obtenha sistematicamente, "abre-se na personalidade como que uma lacuna psíquica, na qual entram as reações emocionais negativas, como a vergonha ou a ira".[4] Dessa perspectiva é evidente, diga-se de passagem, a relação entre falta de reconhecimento e violência social.

Portanto "contra o poder e por reconhecimento" é o emblema das lutas identitárias. Essas disputas explodiram no Brasil dos últimos anos. Claro, não é de agora que movimentos sociais identitários existem no país. No caso dos movimentos negros, as resistências às opressões remontam às formações quilombolas no período colonial. Para ficar em apenas alguns marcos, no século XX surgia, nos anos 1920, uma "pequena imprensa negra", que, relata Roger Bastide, só tratava "de questões raciais e sociais".[5] Esse movimento precedeu a criação da Frente Negra Brasileira, organização política, em São Paulo, na década de 1930. Já nos anos 1970, na esteira dos movimentos identitários que se formaram a partir do Maio de 1968 francês, fazendo surgir uma nova versão da esquerda no mundo, construiu-se o Movimento Negro Unificado Contra o Racismo e a Discriminação Racial (MNU), sob a liderança de Abdias do Nascimento. Também nesse momento de despertar da sociedade civil apareceram movimentos que viriam mais tarde a ser reunidos sob a sigla LGBT, como o Grupo Somos de Afirmação Homossexual, o jornal *Lampião da Esquina*, o Grupo Gay da Bahia, os grupos Triângulo Rosa e Atobá. E, claro, a luta feminista vem de longe e também remonta a mulheres quilombolas do período colonial. O movimento tem em Nísia Floresta uma precursora, ainda no século XIX; nos anos 1930 travou a disputa sufragista; ergueu o Centro da Mulher Brasileira nos anos 1970, e por aí em diante.

Lutas identitárias, portanto, não começaram ontem no Brasil. Mas elas retornaram, nos últimos anos, com uma intensidade sem precedentes. Atualmente não há uma semana que passe sem uma "treta": uma denúncia de relacionamento abusivo ou assédio, um flagrante de comentário racista, um clipe musical acusado de sexualizar corpos de pessoas negras, obras clássicas criticadas pelo conteúdo preconceituoso, um comportamento machista de uma pessoa famosa etc. E vale para vivos e mortos: mal havia falecido, em abril de 2017, Belchior foi acusado de não pagar as pensões dos filhos, perdendo seu direito de morto famoso a quinze minutos de hagiografia. Esses quiproquós surgem e proliferam quase sempre nas redes sociais digitais. Tais redes formam o núcleo originador do que proponho chamar de novo espaço público brasileiro.

Ele é consequência de três fatores. As revoltas de junho de 2013, momento de instauração de uma nova cultura política da sociedade, desde então indócil, explicitando sistematicamente todos os seus conflitos. O colapso do lulismo, que foi uma espécie de correlato político-institucional da cultura social da cordialidade, isto é, da tendência ao não enfrentamento direto das tensões sociais. E, finalmente, a emergência, ainda na década anterior, das redes sociais digitais, tornadas, nesse contexto, plataforma de explicitação generalizada dos conflitos. São esses os fatores que formaram um novo espaço público no Brasil e fizeram dele o ambiente propício à onda de lutas identitárias. Esse espaço público é novo, assim, tanto enquanto meio (o digital, uma ferramenta de autocomunicação, como a define Manuel Castells),[6] quanto em seus traços definidores: mais democrático, mais tenso, mais polarizado[7] – e intensamente atravessado por lutas identitárias.

Ocorre que uma das novidades desse novo espaço público é que as redes sociais digitais permitem a formação de grupos inorganizados que se comportam exatamente como os descreveu o psicólogo social francês do século XIX Gustave Le Bon, em seu célebre *Psychologie des foules*. Unidas todas por um ideal qualquer, as pessoas agem como um enxame de abelhas atacando moralmente um indivíduo identificado como tendo cometido um crime contra esse ideal. Crime, aliás, nem sempre real (melhor dizendo: a própria noção do que é real está em jogo), e quase sempre desproporcional à sua punição. É a dinâmica dos linchamentos digitais, que se tornaram frequentes no novo espaço público.

Globalmente falando, talvez o episódio mais emblemático de *public shaming* nas redes digitais tenha sido o de Justine Sacco. Em dezembro de 2013, para seus apenas 170 seguidores do Twitter, ela postou o seguinte e evidentemente irônico comentário: "*Going to Africa. Hope I don't get AIDS. Just kidding. I'm white!*".[8] Chegou o telefone durante toda a hora seguinte e nada, nenhum comentário. Entrou num avião para um voo internacional de onze horas – e quando desembarcou o mundo tinha caído sobre sua cabeça. Alguém havia acusado o seu comentário de ser racista, as pessoas começaram a repostá-lo e criticá-lo. A coisa se multiplicou instantaneamente e, ao desembarcar no aeroporto da Cidade do Cabo, Justine era *trending topic* número 1 do Twitter, *worldwide*. O título, como revelam os comentários, não era propriamente elogioso: "Sem palavras para esse horrivelmente nojento, racista do caralho tuíte de Justine Sacco"; "Seu nível de ignorância racista é tipo Fox News"; "Tudo o que eu quero de Natal é ver a cara da @JustineSacco quando seu avião aterrissar e ela checar seu telefone".[9] Um linchador digital foi até o aeroporto e a esperou na porta do desembarque para fotografá-la e entregar a imagem à matilha. Ainda durante o voo, ela foi demitida pela empresa para a qual trabalhava.

Em escala menor, mas seguindo a mesma dinâmica, tem havido sucessivos episódios de linchamento digital no Brasil no contexto das lutas identitárias. A estratégia é bastante controversa. Em primeiro lugar porque seus alvos são invariavelmente pessoas do mesmo campo ideológico-político daqueles que os lincham. Assim, por conta de supostos erros, ou de dissensos não aceitos por grupos identitários que não admitem dúvidas ou questionamentos, aliados fundamentais são transformados em adversários – e, centenas de comentários depois, em inimigos. Há aí um nível político-estratégico do problema.

Mas, é claro, ele não é o único. Os linchamentos trazem um problema da ordem da justiça. Eles são uma forma de se fazer justiça com as próprias mãos (no caso, com os próprios dedos). Como tal, são sempre potencialmente injustos. Eles configuram, como descreve a ativista trans Helena Vieira, uma "materialização do outro, do inimigo", isto é, um "método coletivo que facilita perversamente a vida".[10] Pois, em vez de pensar e se dedicar à compreensão, à desconstrução e à transformação das relações sociais e institucionais de poder, em vez de "pensar isso do ponto de vista das estruturas",[11] a estratégia opta pelo caminho imediato de encontrar um bode expiatório em indivíduos. A questão se complica, entretanto, quando levamos em consideração o argumento de que as estruturas, precisamente, operam de uma forma tal a tornar a justiça institucional potencialmente cúmplice da reprodução de injustiças. Esse é um dos problemas fundamentais a ser pensado.

Para isso, é preciso analisar teoricamente o conjunto de princípios mobilizados nessas dinâmicas, bem como entender a sua lógica enquanto dinâmica de "grupos inorganizados".[12] No caso de denúncias de abuso sexual, por exemplo, um princípio como "a vítima tem sempre razão" é, do lado meramente formal, uma evidente petição de princípio, pois se deve primeiro comprovar que se trata de uma vítima, antes de nomeá-la como tal. Mas, do lado efetivamente social, trata-se de uma recusa esclarecida da perspectiva formal, na medida em que essa, ao equiparar abstratamente variáveis que na realidade se apresentam díspares (os valores sociais das palavras do homem e da mulher), configura uma falsa simetria. Logo, trata-se de uma recusa justa – enquanto recusa. Resta saber quanto às suas consequências. Seja como for, não são problemas simples, como já se pode ver.

Mesmo preceitos aparentemente insuspeitos podem se revelar promotores de descaminhos cognitivos e resultados injustos. É o caso dos insistentes pedidos por empatia. O psicólogo Paul Bloom, em seu *Against empathy*, argumenta que a empatia é uma reação emocional que, como tal, tende a valorizar o foco em indivíduos concretos, em detrimento da percepção de estruturas. Ora, geralmente os melhores encaminhamentos para problemas de indivíduos concretos estão na identificação e na transformação de problemas estruturais. Não é boa coisa ter empatia por uma mulher branca assaltada por um jovem negro, por exemplo, se isso impedir que se perceba o jovem negro na estrutura social que o rebaixa enormemente e o conduz à violência. Da mesma forma, não é correto que uma mulher tenha empatia com outra mulher que acusa um homem de abuso sexual com base em um relato de evidentes inconsistência e inverossimilhança (como ocorre em um caso que analisarei neste livro), só porque ela é mulher. Isso a impedirá, precisamente, de enxergar as inconsistências em jogo no relato da outra, e assim fazer um juízo mais justo. Entretanto, o princípio da empatia tende a fazer exatamente isso: que pessoas valorizem aquelas mais parecidas com elas mesmas. "Intelectualmente, um americano branco pode acreditar que uma pessoa negra importa tanto quanto uma pessoa branca, mas ele ou ela irá tipicamente achar muito mais fácil ter empatia com o apelo desta última do que com o da primeira",[13] observa Paul Bloom. A conclusão, bastante incômoda no contexto das lutas identitárias, é que a empatia "distorce nossos julgamentos morais de modo muito próximo ao que faz o preconceito".[14]

As bombas dos linchamentos devem ser desarmadas. Para isso, é preciso compreender as dinâmicas de grupos inorganizados nas redes sociais digitais; instaurar uma reflexão sobre as razões políticas para indivíduos estarem sendo expostos, bem como sobre a legitimidade dessas razões e de seus métodos; e ainda criticar os ideários de fundo na origem da percepção subjetiva que leva a muitas das denúncias que, por sua vez, conduzem a esses linchamentos.

Sobre esses ideários de fundo, um dos objetivos fundamentais deste livro é trazer para o debate público mais amplo certa movimentação das ideias que vêm impactando a vida das pessoas. Entre as características do que chamo de "novo espaço público" está o fato de que seu núcleo originador, as redes sociais digitais, é descentrado e fragmentado. Diferentemente das grandes mídias tradicionais, como a televisão aberta (que difunde para todos a mesma programação), as redes digitais mobilizam nichos (informações, ideários e dinâmicas que variam de acordo com os diversos segmentos). Nessa lógica, frequentemente certos nichos ignoram o que se passa em outros. Sem falar nas pessoas que não usam essas novas mídias. Desse modo, a movimentação de ideias a que me refiro permanece ignorada por muita gente. E as pessoas que mais tendem a sofrer as consequências pertencem a nichos específicos. Tudo isso, entretanto, é do interesse do conjunto da sociedade, uma vez que trata de problemas de justiça e igualdade. Assim, é preciso compreender que perspectiva está orientando essa movimentação e seus impactos consequentes – em vez de apenas assistir com estupefação ou reagir por espasmos, sem maiores recursos teóricos, às eclosões periódicas das *querelles* digitais.

Para tanto, deve-se instaurar uma reflexão sobre a imagem da mulher que certa perspectiva feminista pretende estabelecer. Pois é essa imagem que está determinando uma série de denúncias e os comportamentos que lhe sucedem. Nos últimos cinquenta, sessenta anos, pelo menos duas imagens da mulher têm disputado o espaço público. Trata-se de duas perspectivas feministas fundamentalmente diferentes. A primeira, fiel ao sentido da revolução sexual da década de 1960 (época do revolucionário surgimento da pílula anticoncepcional), critica as restrições impostas ao comportamento sexual das mulheres e a moralização de sua atividade sexual. Essa imagem propõe uma mulher dona de sua sexualidade e de seu desejo. Como observa a filósofa Elisabeth Badinter, naquele momento "a imagem da mulher tradicional se apagava e dava lugar a uma outra, mais viril, mais forte, quase senhora de si mesma, se não do universo".[15] Essa imagem não deixa de reconhecer, evidentemente, as múltiplas assimetrias de gênero. Mas o combate pela igualdade orientado por ela se fundamenta na noção de uma mulher dotada de capacidade de autonomia, logo, de decisão sobre o seu desejo e todas as consequências dele.

Já a outra imagem foi formulada, a partir de meados dos anos 1980, pelas chamadas *radfems* estadunidenses, as feministas radicais, como Andrea Dworkin e Catharine MacKinnon, para as quais vivemos em regimes patriarcais que configuram relações tão intensas de dominação da mulher pelo homem que *toda* a experiência da heterossexualidade é abusiva, violenta, ilegítima, imoral. Sob esse jugo estrutural inescapável, a mulher não tem autonomia. Desse modo, a relação com o seu desejo, bem como a manifestação deste, no contexto da experiência heterossexual, é sempre problemática, instável, suspeita. "Consentimento", o termo que em princípio deveria servir de linha divisória entre práticas sexuais legítimas ou ilegítimas, aceitáveis ou criminosas, é anulado como tal, já que suas condições de fundo são elas mesmas ilegítimas. Ora, se se perde a referência do consentimento, não há diferença fundamental entre um estupro e uma relação heterossexual realizada, acreditava-se, em comum acordo. Essa forma de pensar instaura, como define Elisabeth Badinter, uma "lógica do amálgama", que procede por generalizações e analogias: "Não se distingue mais entre o objetivo e o subjetivo, o maior e o menor, o normal e o patológico, o físico e o psicológico, o consciente e o inconsciente".[16]

Essa lógica vem produzindo uma série de denúncias contra comportamentos de homens. Denúncias de "manipulação psicológica", de "relacionamentos abusivos" e de "assédio moral", por exemplo, são consequência da perspectiva segundo a qual a mulher não tem autonomia, é constitutivamente uma vítima que "demanda proteção".[17] Entenda-se bem: tentativas de manipulação psicológica e controle, assim como assédio moral, existem; torná-los objeto de denúncia pública, entretanto, implica pressupor que a mulher não tenha autonomia psíquica para livrar-se deles, já que nada disso envolve uso de força física. Se a mulher não tem autonomia, *qualquer* relação heterossexual é abusiva. E assim *a vítima tem sempre razão* (de novo, é um desequilíbrio estrutural que justifica a formulação dessa petição de princípio – mas, nesse caso, a percepção em jogo é drasticamente redutora). Desse modo, na ágora das *timelines* quaisquer denúncias são acatadas, tomadas como verdadeiras, não só *a princípio*, mas *por princípio*, isto é, mesmo a contrapelo de eventuais inconsistências e até inverossimilhanças nas acusações. Além disso, conflitos como brigas por ciúmes, insultos verbais, depreciações, tentativas de controle, de outro modo considerados normais – porque entre duas pessoas adultas e autônomas, às voltas com suas pulsões humanas, seus medos e inseguranças –, são interpretados como abusivos, violentos, e passam a figurar no âmbito da expressão "violências conjugais", lado a lado com ameaças verbais, agressões físicas, estupros e outras práticas sexuais impostas sob coerção física.[18]

Há nisso um conjunto de aspectos a se pensar. Primeiro, há um deslizamento problemático na posição das feministas radicais: considerar que, sendo o sexo um elemento fundamental das relações heterossexuais, e sendo estas marcadas pelas desigualdades de gênero, as práticas sexuais *necessariamente* reproduzem essas desigualdades. A antropóloga Gayle Rubin, por exemplo, discorda dessa perspectiva: "apesar de o sexo e o gênero serem relacionados, não são a mesma coisa, e eles formam a base de duas arenas distintas da prática social".[19] Indivíduos não necessariamente reproduzem em suas relações sexuais, tais e quais, as discriminações sociais de gênero. Andrea Dworkin tem razão em criticar a imagem "saudável" do sexo, "como se ele existisse fora das relações sociais".[20] Mas tampouco ele existe totalmente dentro delas. Confundir uma coisa com outra faz com que o sexo heterossexual se torne, em si, uma instância opressiva. A liberação sexual feminina aparece então como uma "mera extensão do privilégio masculino".[21] Tal visão sobre o sexo produz, nos termos de Gayle, menos uma sexologia do que uma *demonologia* sexual. Esta, baseada portanto na equivalência problemática entre relações sexuais particulares e relações estruturais de gênero, "direciona contra indivíduos inocentes uma raiva legítima pela falta de segurança pessoal das mulheres".[22]

Deve-se ainda questionar a pertinência descritiva da imagem da mulher destituída de autonomia: até que ponto ela corresponde à realidade da experiência da mulher em sociedades democráticas contemporâneas, pós-revolução sexual, com as mulheres em massa no mercado de trabalho (em que pesem as discriminações salariais e outras assimetrias, sem dúvida existentes), podendo legal e moralmente exercer a sua sexualidade da forma como bem entenderem? Até que ponto o desequilíbrio vigente nas sociedades patriarcais compromete a autonomia desse exercício? Retroagindo ao fundamento: até que ponto as sociedades democráticas contemporâneas são patriarcais? Da narrativa bíblica do Gênesis, em que a mulher é declarada, pelo homem inaugural, como "osso dos meus ossos, carne da minha carne" (parte dele, logo posse dele), até as democracias modernas pós-1960, muita coisa mudou. Dworkin observa que as políticas legais e sociais do sexo têm o sentido de preservar a dominação masculina, por meio da máxima polarização entre os gêneros.[23] Assim, o sexo é legitimado só entre o pênis e a vagina, não entre o pênis e a boca ou o ânus, porque homens também têm boca e ânus. No mesmo sentido, a sodomia foi historicamente criminalizada (e em alguns lugares ainda é): trata-se sempre de evitar a feminilização do homem, que enfraqueceria a sua dominação. Dworkin lembra ainda a recomendação de se praticar sexo apenas no interior do casamento, e com finalidade reprodutiva (de novo, porque só mulheres podem ter filhos). Tudo isso, entretanto, tem sido desconstruído, em boa medida. Obviamente, ainda há um longo caminho a percorrer, mas a corrosão do patriarcado torna insustentável a visão da mulher como destituída de autonomia e objeto de práticas sexuais constitutivamente violentas, aviltantes, dolorosas.

Mais: será que essa imagem da mulher frágil corresponde bem ao que podemos pensar do conceito de poder e das diversas formas como ele se apresenta nas relações humanas? Em outras palavras, será mesmo que a mulher só mantém com o poder uma relação de vítima? Depois, quanto à dimensão normativa desse ideário: será que é desejável, para as próprias mulheres, a experiência que ele instala nas relações heterossexuais? Interpretar uma relação heterossexual como potencialmente, se não constitutivamente, abusiva é um efeito desejável?

Por fim, cabe perguntar se essa interpretação é pertinente quanto a seu entendimento sobre a própria experiência humana. A meu ver, ela é simplória e mesmo ingênua (apesar de toda a sua ambição política) diante de perspectivas filosóficas e psicanalíticas. Para Hegel, por exemplo, a luta por reconhecimento é uma luta fundamental, *uma luta mortal*,[24] em que cada ser humano, independentemente de gênero, quer submeter imaginariamente o outro. A propósito, Simone de Beauvoir usou como epígrafe de um romance seu a seguinte frase de Hegel: "*Chaque conscience poursuit la mort de l'autre*".[25] Como conciliar isso com a perspectiva segundo a qual as mulheres são sempre frágeis e vítimas? É preciso ainda lembrar que uma lição fundamental da obra freudiana é que as relações humanas são ambíguas. Aliás, quanto mais importantes, mais ambíguas. Quanto mais amor, mais ódio; quanto mais entrega, mais desejo de romper. Entre mães, pais e filhos. Entre maridos e esposas. Entre grandes amigos. Nada disso é abuso – é apenas demasiadamente humano.

A teoria social contemporânea identifica duas formas opostas de efetivar relações sociais, as quais nomeia de *bridging* e *bonding*.[26]

Como os nomes sugerem, na primeira um determinado grupo aposta no estabelecimento de "pontes", ou seja, na atração de pessoas de fora desse grupo para, com a colaboração delas, avançar suas agendas. Isso, é claro, tem consequências sobre as práticas adotadas; elas precisam angariar a simpatia de outros grupos, e para isso é fundamental não colocar mecanismos que os façam se sentirem excluídos do processo de luta, mecanismos que tracem linhas divisórias intransponíveis entre "nós" e "vocês", mecanismos, em suma, que reduzam o sujeito "de fora" à sua estrutura social de origem (homem, homem branco, mulher branca, classe alta, pessoas cis etc.), anulando a dimensão simbólica, moral, que faz esse sujeito se solidarizar com a luta dos outros.

É precisamente isso que tendem a fazer os grupos que optam pela estratégia de *bonding*, isto é, produção de laços grupais, estabelecimento de uma coesão radicalmente baseada em fatores excludentes, como, no caso, o pertencimento identitário. "Por meio da criação de forte lealdade grupal [*in-group loyalty*]", observa Robert Putnam, essa estratégia "pode também criar forte antagonismo para com os de fora do grupo [*out-group antagonism*]".[27] É óbvio que a noção de identidade tem uma dimensão excludente por definição, mas isso não implica necessariamente a exclusão dos "de fora" do processo de lutas dos grupos identitários. Essa exclusão ocorre de forma deliberada ou pode acabar ocorrendo por conta dos procedimentos adotados na luta.

Um procedimento bastante frequente nesse sentido é o recurso ao argumento ad hominem, isto é, à desqualificação de uma intervenção no debate pelo fato de ela ser proposta por um sujeito não pertencente ao grupo identitário. Segundo essa perspectiva, um tal lugar de enunciação necessariamente vai se opor ao interesse do grupo minoritário, uma vez que parte de alguém privilegiado em relação a ele, alguém que só pode participar do debate defendendo os próprios interesses de sua condição. Isso desqualifica imediatamente seus argumentos, tornados falsos por motivação política. O procedimento se inscreve na estratégia de *bonding* na medida em que limita os sujeitos de fora à opção pouco atraente de só serem percebidos como aliados se aceitarem de forma incondicional os termos propostos pelo grupo identitário. Restrições ou dissensos pontuais não são aceitos.

A história das lutas identitárias, no Brasil e fora dele, conhece diversos episódios de *bridging* como de *bonding*. O trauma brasileiro central, que estamos repetindo em espiral até hoje, é a escravidão. Não fomos capazes, nem de longe, de apagar os efeitos do regime, como desejou Joaquim Nabuco. Contudo, o movimento abolicionista foi uma das lutas mais importantes de nossa história. Essa luta, por óbvio, não se resume a uma canetada da Princesa Isabel. Houve muito sangue negro derramado, muito escravo aquilombado, muita revolta corajosa de tantos negros e negras, durante muito tempo. Mas ela também não foi uma luta só das pessoas negras. O regime escravista foi uma afronta moral a todas as pessoas não negras com algum senso de justiça e de verdadeiro republicanismo. Essas pessoas se envolveram na luta pelo fim do regime, luta dos negros, primordialmente, mas luta de toda a parte da sociedade com aspirações de promoção de igualdade. E assim, como relata Antonio Risério:

> Pela primeira vez em nossa história, uma força mobilizadora (os abolicionistas), voltada para uma questão interna do nosso povo, atravessou linhas de cor e transcendeu barreiras sociais. Envolveu brancos e pretos; escravos e livres; ricos e pobres; poetas, políticos e batuqueiros. E varreu do mapa o sistema escravista.[28]

Nos Estados Unidos, na difícil época da Restauração, em seguida à Guerra Civil e à abolição da escravatura, ocorreu um fenômeno terrível para os negros. Criou-se o mito de que homens negros eram estupradores, e esse mito teria produzido mais de 10 mil linchamentos de negros entre 1865 e 1895 (em consequência dos quais apenas três homens brancos foram julgados, condenados e executados).[29] O mito do estuprador negro foi, como observa Angela Davis, "um elemento essencial da estratégia de terror racista do pós-guerra".[30] Linchamentos já tinham se comprovado uma arma poderosa de luta política durante a Guerra Civil, quando os abolicionistas eram linchados pelos grandes proprietários escravagistas, a fim de que encerrassem a campanha. Perdida aquela batalha, não se podia perder a guerra. Era preciso retomar os linchamentos, agora dos próprios negros, já que, emancipados, o assassinato não implicava mais prejuízo material. Mas, para tornar os desumanos linchamentos aceitáveis pela sociedade, era preciso também criar uma narrativa que os fizesse serem percebidos como forma de justiça. Daí surgiu o mito do estuprador negro.

A luta contra essa máquina racista assassina envolveu mulheres negras e mulheres brancas. Angela Davis conta que em 1930 Jessie Daniel Dames e as cofundadoras da Associação de Mulheres do Sul pela Prevenção de Linchamentos decidiram recrutar as massas de mulheres brancas do Sul para uma campanha destinada a derrotar as gangues racistas empenhadas em matar pessoas negras. "Finalmente, elas conseguiram mais de 40 mil assinaturas para o pacto da associação."[31] "Essas corajosas mulheres brancas", prossegue Davis, "sofreram oposição, hostilidade e até ameaças de morte. Suas contribuições foram inestimáveis no interior da cruzada contra os linchamentos."[32]

Ainda nos Estados Unidos, durante o processo de luta pelos *civil rights*, uma das estratégias usadas pelos adeptos do pacifismo de Martin Luther King foi o chamado *sit-in*. Esse protesto consistia em pessoas negras se sentarem em estabelecimentos reservados apenas a pessoas brancas, como lanchonetes, hotéis ou praias. Homens negros entravam, por exemplo, numa lanchonete *white people only*, sentavam-se e esperavam ser atendidos. Eram desprezados, às vezes hostilizados, e às vezes até agredidos fisicamente. Nunca reagiam. Chegavam a deitar-se no chão e apenas se proteger com os braços dos sopapos e chutes que brancos lhes desferiam. Esses manifestantes acreditavam que, se a violência fosse percebida como vinda apenas da comunidade branca, todo o mundo veria a justiça de sua causa. Mais de 1,5 mil pessoas negras foram presas. Mas não foram apenas elas que participaram dos protestos: "Segmentos mais inquietos da juventude branca, contestando o *establishment* e mergulhando nas águas do que viria a ser a contracultura, aderiram".[33] Na primavera e no verão de 1960, "jovens brancos e negros participaram de formas de protesto similares contra a segregação e a discriminação. Sentavam-se em bibliotecas de brancos, entravam na água em praias de brancos e dormiam no saguão de hotéis de brancos".[34] De forma lenta, mas irreversível, restaurantes por todo o Sul começaram a abandonar as políticas de segregação.

No Brasil, um dos movimentos sociais identitários mais poderosos dos últimos tempos veio da cultura. Refiro-me à obra estético-política dos Racionais MC's. Em canções excepcionais, bem como em suas falas públicas, os Racionais adotaram enfaticamente uma estratégia de *bonding*: mano é mano, playboy é playboy. Era imperiosa a necessidade de se criar uma tradição negra (e não mestiça, miscigenada, brasileira) e um conjunto de valores horizontais para as pessoas negras das periferias, a fim de que, assim identificadas entre si, pudessem se fortalecer, reconhecerem-se a si mesmas, elevarem sua autoestima e recusarem os valores da cultura capitalista do espetáculo, na qual sua posição era a mais rebaixada. Mas, nesse ponto, observa Maria Rita Kehl, "está em causa o limite deste esforço civilizatório dos rappers: a emancipação que eles propõem aos *manos* corre o sério risco de esbarrar na segregação que eles próprios produzem, ao se fecharem para tudo e todos que diferem deles".[35]

Putnam observa que as estratégias de *bonding* são "boas para sobreviver", ou seja, elas propiciam solidariedade, identificação e, assim, fortalecimento psicológico para grupos mais vulneráveis. Por outro lado, são as estratégias de *bridging* as mais adequadas para "levar adiante", isto é, avançar agendas políticas.[36] É fundamental observar que essas duas estratégias são distintas, mas não necessariamente incompatíveis. Elas podem ser conciliadas, cada dimensão cumprindo o papel a que melhor se destina. Defendo, assim, que haja um maior equilíbrio entre elas. No momento, a balança vem pendendo muito para o lado da formação de laços grupais com uma forte dose de dogmatismo, com as consequências de hostilidade com os "de fora" (mesmo os que em boa medida defendem os pleitos do grupo) e de maior dificuldade para avançar agendas concretas.

Essas lutas identitárias, uma vez que constitutivamente possuem a dimensão segregacionista da identidade (atualmente pouco equilibrada com o princípio oposto, de *bridging*), produzem um choque com a autoimagem historicamente dominante da cultura brasileira: o país do encontro, da mistura, da cordialidade. Há pouco mais de dez anos, quando se instaurou no Brasil um amplo debate sobre ações afirmativas, cotas raciais, em suma, sobre a perspectiva racialista em geral, muitos dos que se lhe opunham o faziam em nome da defesa dessa ética do encontro e da mistura. Por isso este livro começa com uma breve história das autoimagens culturais do Brasil, desde a independência até o presente momento. O objetivo do capítulo I é mostrar como as lutas identitárias se chocam com a narrativa dominante da tradição cultural brasileira; compreender mais profundamente que sentidos encerra a expressão "cultura popular brasileira"; por que ela serviu como modelo de inspiração para a transformação da sociedade brasileira para gerações de artistas e intelectuais; e por que ela deixou, em larga medida, de ser vista assim, abrindo caminho para a perspectiva identitária. Eu arriscaria afirmar que o país passou, nos últimos anos, por um processo de *desculturalização*: não é mais a cultura que está no centro da autoimagem da sociedade, e sim a política. Mesmo movimentos culturais são hoje ao mesmo tempo movimentos sociais, ligados a lutas urbanas, indígenas, econômicas e de minorias.[37]

Cumprida essa etapa, o capítulo 2 trata da emergência do que chamo de novo espaço público no Brasil. Como dito acima, ele foi propiciado pela articulação de três fatores: a explosão das revoltas de junho de 2013, que teve como legado irreversível, até aqui, uma extrema politização da sociedade, ou seja, a instauração de um processo permanente de explicitação de todos os conflitos; o colapso do lulismo, isto é, o fim de um momento que representava o correlato político-institucional (com efeitos na sociedade) da cordialidade cultural; e a disponibilidade das redes sociais digitais, com seu traço democrático de autocomunicação e mobilização em larga escala. É esse o contexto em que os movimentos sociais identitários ressurgiram com uma intensidade sem precedentes, problematizando a tudo e a *todxs*. O capítulo 2 relembra ainda as condições de surgimento dessas lutas no Maio de 1968 francês, analisa as suas relações com os conceitos centrais de poder e reconhecimento, examina as críticas feitas à centralidade que o conceito de reconhecimento (e as lutas identitárias produzidas em seu nome) obteve no campo político nas duas últimas décadas e, por fim, discorre sobre a aparente contradição do projeto de aprofundar a identidade para encontrar a universalidade.

O terceiro e último capítulo do livro realiza uma espécie de "crítica da razão minoritária". Trata-se de passar em revista alguns dos imbróglios recentes desse novo espaço público, submetendo-os a uma perspectiva teórica múltipla, mobilizadora de diversos campos de saber. Essa investigação consiste em identificar e compreender as premissas fundamentais das lutas e alguns de seus conceitos decisivos, defendendo sua pertinência geral – e ao mesmo tempo identificar premissas problemáticas e criticar suas consequências, recusando certos métodos.

Eis os exemplos estudados. Em primeiro lugar, "O caso das marchinhas": a polêmica do Carnaval de 2017 em torno do banimento, por alguns blocos carnavalescos, de marchinhas clássicas do cancioneiro brasileiro por conta de suas letras consideradas preconceituosas. Esse caso tem um caráter emblemático, na medida em que nele o que está em jogo é a percepção da língua como instância de luta política identitária. É essa a premissa que fez surgir reativamente nos Estados Unidos a expressão "politicamente correto", que costuma representar a atitude política dos setores sociais que não reconhecem a legitimidade dos pleitos identitários.

Em seguida, examino dois eventos relativos ao racismo. O primeiro, "O caso do turbante", talvez seja, entre todos os estudados neste livro, o que obteve maior repercussão: uma jovem branca, de Curitiba, relatou em seu Facebook que uma mulher negra teria questionado o seu direito a usar um turbante (que, segundo a jovem, cobria a sua cabeça raspada por conta de um câncer). O conflito trouxe à tona o conceito de "apropriação cultural", o qual analiso à luz da história das culturas e, especialmente, da história da cultura brasileira. O episódio apresenta um mal-estar entre a pertinência evidente do conceito e a provável impertinência da ação (que entretanto o difundiu).

A outra situação relativa ao racismo é "O caso do clipe de Mallu Magalhães". Examino, nele, as razões pelas quais o clipe da canção "Você não presta" foi largamente criticado por pessoas negras, levando a cantora a se desculpar nas redes sociais.

Passo então a uma série de três estudos de acontecimentos relativos a denúncias de mulheres contra homens que teriam praticado abusos sexuais. O primeiro deles, "O caso da 'fiel defensora de estupradores'", entretanto, teve como alvo principal uma mulher, a cantora baiana Marcia Castro, atacada por militantes feministas por ter postado em seu Facebook uma foto, acompanhada de legenda elogiosa, junto a um músico acusado de abuso sexual. A análise seguinte incide sobre "O caso de doping por óleo de massagem". Nele, examino a denúncia de uma mulher, segundo a qual o músico mineiro Gustavito Amaral a teria entorpecido por meio da inalação de um óleo de massagem, e em consequência disso teriam feito sexo oral sem preservativo, o que teria custado à mulher a contaminação por uma doença sexualmente transmissível (HPV). O terceiro exame da série é "O caso Idelber Avelar": as denúncias sofridas pelo intelectual brasileiro radicado nos Estados Unidos, que se valeram de *printscreens* de conversas eróticas privadas para fundamentar acusações de assédio sexual e manipulação psicológica.

Finda a análise dos casos, apresento, na conclusão, um posicionamento claro sobre o que, em alguns deles, considero um encaminhamento inaceitável.

Devo dar ainda uma última palavra nessa introdução. Em que pesem dissensos pontuais, a perspectiva teórica, crítica e política deste livro é a de reconhecimento fundamental da legitimidade e da relevância dos movimentos sociais identitários, dos quais, portanto, me considero um aliado no sentido mais amplo e decisivo.

Entretanto já posso vislumbrar se formarem no horizonte as nuvens pesadas das desqualificações e ataques a priori pela minha mera condição de sujeito "de fora" (no caso, *totalmente* de fora: homem, branco, heterossexual, cis, de classe alta). Bem, este livro foi escrito, como o leitor poderá notar, invariavelmente num registro de complexidade, no qual se procura identificar e pesar argumentos de perspectivas divergentes, fazendo justiça à pertinência descritiva e ao valor normativo de cada um deles. Tenho a mesma abordagem para as eventuais desqualificações que sofrerei. O debate instaurado aqui é um debate *relacional*, e, como tal, concerne a todas as pessoas. Trata-se de uma discussão sobre as tensões *sociais* produzidas pelas lutas identitárias. Como observa Antonio Risério, em seu *A utopia brasileira e os movimentos negros*, "relações se dão entre uns e outros, jamais apenas entre os mesmos".[38] Desse modo, portanto, qualquer um pode e deve participar desse debate.

Por outro lado, é verdade também que a minha condição "de fora", ao me franquear com maior facilidade o acesso a dimensões simbolicamente mais prestigiadas do espaço público, faz com que minha intervenção, em algum nível, mesmo sendo politicamente a favor das lutas identitárias, configure, como observou a escritora Juliana Cunha, uma "contradição performativa".[39] Em outras palavras, há uma contradição entre, por um lado, identificar as relações de poder que limitam a capacidade discursiva de determinados grupos; e, por outro, valer-se desse mesmo poder para lançar um discurso no espaço público.

Dificuldade semelhante se revela no exame do conceito de lugar de fala. Em certo sentido, trata-se de uma noção inequivocamente pertinente e necessária. Como afirma Helena Vieira, "a vivência pode ser critério de conhecimento do real".[40] Ou seja, a noção de lugar de fala deve servir para que sejam reconhecidas e valorizadas intervenções vindas dos sujeitos com experiência direta, vivencial das questões identitárias, uma vez que essa experiência permite o conhecimento de aspectos não descortináveis pelas abordagens vindas de sujeitos desprovidos dela. O conceito de lugar de fala, assim, é a princípio de natureza inclusiva. Mas, por outro lado, ele pode ser mobilizado para desqualificar os sujeitos "de fora", a fim de desencorajá-los a entrar no debate. Desse modo, procura-se responder a uma exclusão original com uma exclusão corretiva. E, contudo, prossegue Helena Vieira, a vivência "não é critério absoluto".[41] O que pensar desse uso excludente do conceito de lugar de fala?

Em sua *Crítica da razão prática*, Kant situa a vida moral na dimensão do *dever*. O dever é o que nos obriga a agir segundo os imperativos categóricos fundamentais e por estrita obediência a eles, logo independentemente do modo como nossas ações poderão afetar nossos interesses particulares. Os imperativos categóricos trazem em si – é o que lhes define a perspectiva – a *posição do outro*: "aja de modo que a máxima de sua vontade possa sempre valer ao mesmo tempo como princípio de uma legislação universal".[42] Um sujeito dotado de senso moral é portanto um sujeito que leva em conta, em suas ações, a dimensão do dever. Podemos dizer que o senso moral de um sujeito é proporcional ao quanto ele privilegia o dever em suas ações em detrimento de seus interesses particulares.

A lição kantiana é portanto a de que a vida moral se situa na transcendência dos interesses particulares. Todo sujeito está submetido a uma tensão irredutível entre o "dever" e a "felicidade", isto é, entre a justiça e o egoísmo. Mas a parte moral de qualquer sujeito se situa sempre lá onde ele transcende sua posição particular. Ora, o conceito de lugar de fala, quando empregado no sentido de desqualificar a intervenção de alguém "de fora", *prende* o sujeito à sua posição particular. Declara-o incapaz de, em alguma medida, transcendê-la. Em outras palavras, simplesmente anula a vida moral do indivíduo – e, com isso, o que nela possa haver de solidariedade e justiça. Não é difícil concluir que isso é um tiro no pé.

Por outro lado, como eu disse, há sempre uma tensão entre o dever e o interesse (só quem não a conhece, segundo Kant, é Deus, por não ter interesse particular). Logo, não se pode desqualificar um sujeito a priori, como se necessariamente sua posição política fosse incapaz de justiça, devendo reproduzir seu interesse particular. Isso anula a dimensão do dever. Ao mesmo tempo, seria ingênuo desconsiderar a tendência de um sujeito a, em alguma medida, agir de acordo com seu interesse. O sujeito não sai completamente de seu *lugar* (ainda segundo Kant, só a *santidade* pode fazê-lo). Mas é preciso saber se mover nessa tensão irredutível entre o lugar de si e o lugar do outro. O interior dela é um espaço muito mais amplo, capaz de muito mais denominadores comuns, de muito maiores possibilidades políticas do que o modo como é percebido hoje, quando tende a ser achatado, comprimido, se não de todo suprimido.

Assim, termino e começo declarando que este é um livro sobre as tensões sociais produzidas pelas lutas identitárias. Como tal, ele se dirige tanto a militantes identitários como àquelas pessoas não muito familiarizadas com suas reivindicações. Aos primeiros (que são, como qualquer grupo político, bastante heterogêneos entre si), procuro contribuir sobretudo com a fundamentação de uma crítica a certos encaminhamentos e procedimentos das disputas. Quanto às demais, meu objetivo é colaborar para que possam se situar melhor diante das questões instauradas por essas lutas. Entre a perspectiva desqualificadora dos que assumem a expressão "politicamente correto" e a perspectiva às vezes excludente dos lugares de fala dos ativistas identitários há um espaço a ocupar – espaço que, se preenchido, pode fazer desaparecer essas duas margens estreitadas do debate. É no interior desse espaço que lanço as palavras a seguir.

1.
Da cultura à política

Ex-colônia, empresa periférica do capitalismo europeu, desprovido de mitos afirmativos de fundação, o Brasil, como outros países de origem análoga, ao se tornar independente procurou na exaltação de sua natureza uma compensação para sua precariedade material e institucional, bem como um sinal de suas potencialidades civilizatórias futuras. A literatura do período romântico, como se sabe, vinculava a ideia de pátria à de natureza. É Ceci, Cecília de Mariz, descendente de portugueses, misturando-se ao índio Peri e fundando simbolicamente o Brasil ao declarar-se "filha desta terra", criada "no seio desta natureza", que faz deste um "belo país".[43] É a "Canção do exílio" com suas quadras repisadas nos bancos escolares e depositadas no fundo do imaginário coletivo nacional: "Nosso céu tem mais estrelas,/ Nossas várzeas têm mais flores,/ Nossos bosques têm mais vida,/ Nossa vida mais amores".

A exaltação da natureza é, antes ainda, o signo inaugural da descoberta do *mundus novus*. Como se lê na célebre frase da carta homônima do florentino Américo Vespúcio (apócrifa, mas isso é indiferente), publicada em 1504: "Se algures na Terra existe o paraíso terreno, não pode estar longe daqui".[44] E, claro, no nosso documento fundador, a *Carta do achamento*, de Pero Vaz de Caminha, lá está a descrição da terra "em que se plantando tudo dá".[45]

Essa perspectiva foi institucionalizada no Hino Nacional do Brasil, em 1922, cem anos após a independência do país, na letra romântico-parnasiana de Osório Duque-Estrada, na qual ao "gigante pela própria natureza" está reservado um futuro que "espelha essa grandeza". Como observou Antonio Candido, nessa "contaminação, geralmente eufórica, entre a terra e a pátria [...] a grandeza da segunda seria uma espécie de desdobramento natural da pujança atribuída à primeira".[46]

Essa perspectiva adentra as primeiras décadas do século XX e, sofrendo certa inflexão, faz morada sobretudo na canção popular. O outro hino nacional brasileiro, esse sem maiúsculas, extraoficial, é "Aquarela do Brasil", com seu "coqueiro que dá coco", suas "fontes murmurantes", sua "terra boa e gostosa".[47] A contaminação eufórica entre terra e pátria marcou também o primeiro momento de internacionalização da imagem brasileira no contexto de uma emergente cultura de massas, por meio de Carmen Miranda, seus chapéus de frutas e as coreografias cinematográficas de Busby Berkeley, com suas miríades de bailarinas abrindo-se em bananas. No desenho animado *Alô, amigos*, que Walt Disney criou em 1942, como parte do programa americano de política de boa vizinhança, o Brasil é apresentado com uma natureza exuberante, repleta de cascatas, coqueiros, bananas, tucanos... e, bem, flamingos dançando chá-chá-chá – afinal, da perspectiva do *outro* dominador, todo mito nacional tem uma boa dose de mal-entendido.

Nestes últimos exemplos, entretanto, o gênero cultural natureza ostentação já não se apresenta exatamente como na autoimagem do romantismo, "fazendo do exotismo razão de otimismo social".[48] Sob os efeitos do modernismo e com o espírito de turista aprendiz de sua redescoberta do Brasil, em face à consolidação de uma canção popular vibrante e, em seguida, no contexto da ditadura varguista, a representação da natureza passa a se associar à de uma singular cultura nacional, esta portando os traços daquela. A "terra boa e gostosa", relaxada, acolhedora, rima com a "morena sestrosa/ de olhar indiscreto" e reflete nela. A exuberância das frutas sobre a cabeça de Carmen Miranda espelha sua figura também ela exuberante, sensual, cheia de vitalidade e corpo, sem o recalque das pulsões sexuais que marca o mal-estar agravado das nações mais intensamente produtivistas. No mesmo sentido, a natureza que vai brotando milagrosamente do desenho de Walt Disney, como uma dádiva, é a mesma que pare o "Joe Carioca", verde e amarelo como a bananeira, com sua *nonchalance* da periferia, seu abraço caloroso cordial, seu corpo que requebra ao som do samba, seus traços, em suma, pré-modernos.

Assim, a representação exaltada da natureza nunca deixou de estar associada ao Brasil (mesmo hoje, apesar da devastação ambiental generalizada). Mas, ao longo das décadas da primeira metade do século XX, com a formação de gêneros e subgêneros da canção popular e seu alcance massivo na era do rádio; com o programa modernista de estabelecimento de uma cultura nacional, baseada nas singularidades da formação do país e a contribuição milionária de todos os seus erros; com *Casa-grande & senzala*, obra monumental de afirmação da formação brasileira e da cultura mestiça dela resultante; com a ascensão do negro no futebol e sua reinvenção antropofágica triunfante pela ralé social do país; com a invenção das escolas de samba, a consolidação do gênero samba pelos compositores do Estácio e, em seguida, toda a Época de Ouro; com o programa de unificação nacional da ditadura varguista, fomentando a integração pela tentativa de instauração de símbolos culturais nacionais – com tudo isso, o que ocorreu foi a progressiva consolidação e afirmação da *cultura popular brasileira* como novo mito produtor de identificação coletiva, a que a representação da natureza agora se vinculava.

O exercício historiográfico nunca é linear e simples. Contar a história das histórias que se contaram sobre determinado objeto é sempre ter que lidar com imagens e contraimagens, representações de sentidos diversos, que disputam simultaneamente um campo de forças. Essa complexidade se acentua quando o objeto em questão é ele mesmo complexo, como no caso aqui em jogo: as representações do Brasil. Diante disso, escolhi as linhas de força que me parecem ter prevalecido; mas isso não significa que não houve outras linhas de sentido oposto. Nesse processo da exaltação da natureza para o estabelecimento da cultura popular como instância maior de identificação coletiva do país houve diversas contraimagens. Houve a corrente eugenista do fim do século XIX, que via na miscigenação a causa maior do atraso do Brasil (e de que um dos maiores monumentos literários do Brasil, *Os sertões*, de Euclides da Cunha, é tributário); a obra realista de Machado de Assis, com sua leitura aguda e nada condescendente das estruturas sociais no Rio de Janeiro da virada do século; a realidade perversa triturando os moinhos ufanistas quixotescos do Policarpo Quaresma de Lima Barreto; obras regionalistas, como a de Graciliano Ramos, na qual a dureza da natureza do sertão corresponde à dureza da relação de exploração econômica sobre a família do vaqueiro Fabiano; a antiaquarela que é "Asa branca", de Luiz Gonzaga; as xilogravuras sombrias e noturnas de Goeldi; entre tantas outras imagens de sentidos diversos daqueles apresentados aqui como veio principal, predominante, da autoimagem do país.

Antonio Candido observa que "até mais ou menos o decênio de 1930 predominava entre nós a ideia de país novo, que ainda não pudera realizar-se, mas que atribuía a si mesmo grandes possibilidades de progresso futuro".[49] A esse período ele atribui uma "consciência amena do atraso" brasileiro.[50] "Sem ter havido modificação essencial na distância que nos separa de países ricos", prossegue Candido, "o que predomina agora [o texto data do início dos anos 1970] é a noção de país subdesenvolvido. Conforme a primeira perspectiva salientava-se a pujança virtual e, portanto, a grandeza ainda não realizada. Conforme a segunda, destaca-se a pobreza atual, a atrofia; o que falta, não o que sobra."[51] Assim, a partir dos anos 1930 vai se formando progressivamente uma consciência do subdesenvolvimento, que só se consolida a partir dos anos 1950. Os anos 1930 são os de *Casa-grande & senzala*, mas também os de *Raízes do Brasil*, em que o caráter pré-moderno da nossa cultura é lido em chave negativa, como entrave ao desenvolvimento econômico e social do país. A virada dos anos 1930 para os 1940 contém tanto "Aquarela do Brasil" quanto *Formação do Brasil contemporâneo*, clássico da sociologia, de Caio Prado Jr., em que a história do país é lida também em chave negativa, como um "aglomerado incoerente e desconexo, mal amalgamado sobre bases precárias, falho de projeto, de justiça, de limite e de caráter, constituindo uma sociedade voltada exclusivamente para a exploração econômica a longa distância".[52] E entre uma obra e outra, no meio do processo de formação do que Candido chama de "consciência catastrófica do atraso",[53] há a publicação de *Brasil, um país do futuro* – o retrato meio *wishful thinking* (de um judeu exilado pelas perseguições racistas da Europa de Hitler), meio comprometido (Zweig teria obtido, por meio do livro, apoio da ditadura varguista para morar no Brasil), mas também meio verdadeiro (em consonância com traços fundamentais da autoimagem da cultura brasileira) –, em que novamente se verifica o vínculo entre natureza e cultura, a harmonia daquela refletindo-se no "modo de vida" de um povo supostamente conciliador, avesso à explicitação de conflitos:

> Agora se sabe por que a alma fica tão aliviada logo que pisamos nessa terra. No primeiro momento tem-se a impressão de que esse efeito libertador e calmante é apenas uma alegria para os olhos, uma absorção feliz daquela beleza única que acolhe o recém-chegado com os braços bem abertos.

Logo, no entanto, reconhecemos que essa disposição harmônica da natureza aqui passou a ser o modo de vida de uma nação inteira.[54]

Tudo somado, imagens e contraimagens, segundo a leitura da historiografia que defendo aqui, terá se formado, na primeira metade do século XX, uma cultura popular singular e pujante, que se afirmou no imaginário coletivo como sua instância de autoidentificação e, por suas características, inspirou gerações de artistas e intelectuais, que enxergavam nela o modelo a ser seguido pela sociedade brasileira, cujo desenvolvimento político e social deveria portanto seguir os mesmos termos de suas realizações. Essa ideia de cultura popular começa a ser severamente desconstruída, nos meios universitários, a partir dos anos 1950, mas permanece muito forte para o imaginário coletivo nacional. Seria só a partir dos anos 1990 que a centralidade da cultura na autoimagem cultural do Brasil,[55] enquanto espelho e farol, passaria a dar lugar a outra representação, cuja centralidade já não é a cultura, mas a política, que como espelho devolve uma imagem vazia; e como farol, uma imagem de luta.

O Brasil é um país onde o concreto sempre venceu o abstrato. Diferentemente do que escreveu Tocqueville sobre as colônias da Nova Inglaterra, o país não foi fundado por uma *ideia*[56] (no caso daquelas, a ideia de igualdade), antes foi fruto em larga medida de acontecimentos à revelia dos projetos racionais e oficiais – eles mesmos, aliás, orientados por uma ideia bem diversa daquela identificada por Tocqueville: jesuítas à parte, a ideia era basicamente de exploração material. A colonização do Brasil com os náufragos Caramuru e João Ramalho começa antes da oficial, deliberada pelo Estado português. Na certidão de nascimento brasileira, a *Carta do achamento*, de Caminha, consta aquele final indefectível, no qual o escrivão pede a El-Rei uma colocação para seu genro. Essa espécie de favor inaugural, marca da pessoalidade no documento de fundação, prefiguraria a série dos conceitos de alguns dos intérpretes mais célebres do Brasil: a *cordialidade* em Sérgio Buarque; a *miscigenação* em Gilberto Freyre (o concreto do sexo se impondo sobre ideologias de raça, sem entretanto dissolvê-las); o *patrimonialismo* em Raimundo Faoro; a *dialética da malandragem* em Antonio Candido; o *favor* em Roberto Schwarz. Todos eles, embora com valores descritivos diversos uns dos outros, convergem para a identificação de traços pré-modernos na formação social e cultural do Brasil, tomada a modernidade no sentido weberiano da impessoalidade, da universalidade e do republicanismo.

Com os séculos, a especificidade da formação de nosso povo e as formas de sociabilidade aqui geradas foram produzindo, em meio às desigualdades brutais, e como resposta e resistência a elas, fenômenos singulares, de alta invenção poética, nos quais os traços da violência eram sublimados em beleza, em destreza, em potência, em graça – "superados, sem serem negados",[57] isto é, sem que a violência originante deixasse de poder ser lida no interior dessas formas, inseparável portanto de seu sentido. Esses fenômenos perfazem o núcleo originário e formam um dos sentidos mais fortes do que chamamos de "cultura popular brasileira": a realidade social da língua colonizadora no Brasil, que Mário de Andrade sonhou descrever no projeto de sua "gramatiquinha da fala brasileira", e que é a língua "desossada" pelos escravos africanos, na expressão de Gilberto Freyre;[58] a figura social do malandro, ocupando o lugar entre a ordem e a desordem, com suas estratégias de recusa ao trabalho formal massacrante, encarnadas num corpo escorregadio e poetizadas no gênero do samba, com sua alta complexidade contramétrica, sua "tristeza que balança"; a apropriação do velho esporte bretão por pretos e mulatos excluídos do mercado formal (o futebol, como mostrou Mario Filho em seu *O negro no futebol brasileiro*, se populariza no Brasil poucas décadas após a abolição da escravatura despejar na liberdade contingentes de ex-escravos sem as condições necessárias para seu florescimento social) etc.

Como mostrou José Miguel Wisnik, referindo-se ao campo da canção, ao longo do século XX a cultura popular brasileira não se deixa reduzir à noção de indústria cultural. O mercado e suas vicissitudes são apenas um de seus elementos, que mais trouxeram escala social às suas formulações estéticas do que impediram o caráter avançado delas. Ao chegarmos aos anos 1960, o Brasil tinha em boa medida superado o problema da autonomia cultural de nações colonizadas. Talvez isso não fosse de todo consciente, e é verdade que no campo da canção popular o embate fundamental era então aquele entre MPB versus Jovem Guarda, que traduzia uma perspectiva nacionalista bastante precária. Entretanto já se criara a própria bossa nova. A língua nacional expressava a realidade social particular do país; a literatura já tinha Machado, o modernismo, João Cabral, Rosa, Clarice e os concretistas (estes últimos, sintomaticamente, criadores de um movimento de caráter cosmopolita, para quem portanto a busca pelo nacional já não fazia sentido); as artes visuais tinham Lygia Clark, Hélio Oiticica e o neoconcretismo; o cinema novo explodia. E a dita cultura popular também. Dos pretos e caboclos iletrados vieram o samba, o baião, o choro e seus subgêneros. Esses gêneros de base nacional (eles mesmos impuros, claro, mas frutos de misturas que se deram *no Brasil*) desde o início foram cruzados com o repertório das classes médias. Disso surgiram Nazareth, Pixinguinha, Noel, e mais tarde a bossa nova e o tropicalismo. Essa dimensão de mistura – social, racial, cultural, em suma, em todos os níveis possíveis – é o segundo traço forte do sentido da expressão "cultura popular brasileira".

Assim, de um lado da moeda temos a superação, sem negá-las, das desigualdades brutais da experiência brasileira, na forma do aproveitamento dos seus próprios traços negativos no sentido de sua inversão, isto é, na criação de formas culturais em que esses traços se apresentam como produtores de singularidades. Como observa Wisnik:

> No samba e no futebol, negros, brancos e mulatos, habitando uma zona de indeterminação criada pela herança do escravismo miscigenante, lidam com a prontidão e outras bossas, com seu saldo não verbal e ambivalente, num campo em que o fio da navalha da inclusão e da exclusão se transforma num estilo de ritmar, de entoar e jogar.[59]

Essa transformação, no campo da cultura, do sintoma em estilo, parecia tornar possível que o mesmo se desse no campo da sociedade – e segundo os mesmos termos, isto é, por meio da aposta nas misturas, nos encontros, nos cruzamentos de todos os códigos, na rasura das hierarquias.

Assim, a cultura popular – formada portanto pela mistura de pretos, brancos e mulatos; pobres, classe média e ricos; universitários e iletrados; Debussy e contrametricidade[60] – *prefigurava*, para muitos artistas e intelectuais, o projeto de sociedade que o Brasil deveria realizar, segundo e seguindo seus passos. A frase atribuída a Caetano Veloso, repetidamente citada por Tom Jobim – "o Brasil precisa merecer a bossa nova" –, representa todo um conjunto de intérpretes do Brasil que se inspiraram na cultura popular, isto é, na singularidade da formação brasileira que a produziu, para projetar uma nova sociedade. Da transformação do tabu em totem (ou seja, do valor desfavorável em favorável) por Oswald de Andrade, passando pela reversão do sentido da miscigenação em Freyre; pelo projeto social e utópico da "beleza sem esforço"[61] da bossa nova, chegando, mais tarde, à promessa do povo moreno original, em Darcy Ribeiro; à "gaia ciência" da canção popular, em Wisnik; ao elogio da tradição dos mediadores culturais, em Hermano Vianna; à afirmação do paradigma do *padê* (encontro) contra o do apartheid (separação) em Antonio Risério etc.

Em suma, o século XX é atravessado quase de cabo a rabo pela presença forte de uma autoimagem cultural afirmativa, baseada nos valores da mistura, da graça, do desrecalque corporal, do princípio do prazer, da apropriação criativa, valores que a cultura brasileira foi capaz de realizar – mas não a sociedade. Esta esteve sempre travada pelas metamorfoses do poder oligárquico, historicamente mudando para permanecer o mesmo, controlando cada oportunidade de transformação social mais estrutural e submetendo-a à lógica da modernização conservadora. Essa é uma chave de interpretação de toda a história brasileira, desde a independência, proclamada pelo delfim português, passando pela abolição (que não foi capaz de acabar com os efeitos sociais da escravatura, como desejava Nabuco), pela Revolução de 1930, pela Constituinte de 1988 (cuja contrapartida foi o estabelecimento do PMDB como regulador da intensidade democrática), até chegar ao período Lula. Há uma defasagem imensa entre o que o Brasil chegou a realizar em sua cultura e o que pôde realizar enquanto sociedade.

É possível que o golpe mais duro nessa aposta da cultura como modelo para a sociedade tenha vindo com o golpe militar, que solapou à base de censura, perseguições e exílios forçados todo o processo que se vinha fazendo, nos anos 1960, precisamente no sentido de aproximar cultura e política, movimentação cultural e transformação social. Esse processo, que consistia em tentar unir "o que a realidade separa", por meio da "aliança de vanguarda estética e cultura popular meio iletrada e socialmente marginal, além de mestiça",[62] era um programa, como observou Roberto Schwarz, que fora ensaiado pelo modernismo carioca nos anos 1920, depois retomado pela bossa nova nos anos 1950, e "ganhou corpo e se tornou um movimento social mais amplo, marcadamente de esquerda, nas imediações de 1964".[63] Era um programa de "horizonte transformador", que queria "romper com a herança colonial de segregações sociais e culturais, de classe e raça, que o país vinha arrastando e reciclando através dos tempos".[64]

Em *Verdade tropical*, Caetano Veloso rememora assim o período:

> [...] éramos levados a falar frequentemente de política: o país parecia à beira de realizar reformas que transformariam a sua face profundamente injusta – e de alçar-se acima do imperialismo americano. Vimos depois que não estava sequer se aproximando disso. [...] Mas a ilusão foi vivida com intensidade – e essa intensidade apressou a reação que resultou no golpe.[65]

A cultura popular, evidentemente, não acabou ali. O Brasil foi tricampeão mundial de futebol, surgiram grandes cancionistas populares nos anos 1970, houve sambas-enredo e desfiles carnavalescos antológicos etc. Mas o ensaio de democratização social inspirado pela cultura popular foi definitivamente interrompido. Seu desejo, entretanto, permaneceu ainda por algumas décadas em artistas e intelectuais, e permanece até hoje, mas já não representa uma corrente forte da cultura ou do pensamento, acadêmico ou não.

Hoje essa inspiração da cultura popular, essa aposta estratégica nos termos em que ela se realizou como modelo para a transformação da sociedade brasileira, parece em larga medida esvaziada. O encontro, a mistura, a cordialidade, a contradição sem conflitos, a malandragem; esses signos típicos da autoimagem do país permanecem dominantes sobretudo como ideologias da cultura do espetáculo (com seu interesse dissolvente, alienante, conservador) e da propaganda turística oficial – Mulata Globeleza, bar da Dona Jura e paredes de aeroportos. Isso lhes garante a manutenção no imaginário coletivo, principalmente dos grupos formados pelas mídias de entretenimento de massas. Nas universidades, nas redes sociais, nos grupos mais politizados, entretanto, essa imagem foi criticada, desconstruída, repudiada, abandonada.

Enquanto esforço sistemático, a desconstrução da ideia de uma cultura popular brasileira, com tudo o que ela tem de demasiadamente generalizante, de grandes sínteses eruditas que, vistas mais de perto, forjam-se em conceitos vagos, carentes de especificações, essa desconstrução emerge nos anos 1950 e 1960, como um fruto já maduro do estabelecimento de faculdades de filosofia no país, principalmente do seu centro de pesquisa mais importante, a Faculdade de Filosofa, Ciências e Letras da Universidade de São Paulo, inaugurada em 1934, e para a qual contribuíram mestres ou futuros mestres do pensamento europeu, intelectuais do porte de Fernand Braudel, Claude Lévi-Strauss, Roger Bastide e Ungaretti.

Foi por meio da produção de sociólogos como Florestan Fernandes, Antonio Candido, Octavio Ianni, Fernando Henrique Cardoso, Emília Viotti, entre outros, que uma perspectiva propriamente acadêmica – de metodologia mais rigorosa, com pesquisas empíricas e conceitos mais circunscritos – deslocou e criticou a tradição dos "explicadores do Brasil", tendo como alvo preferencial, dentro dela, a obra de Gilberto Freyre. Essa crítica é inseparável – para usar uma noção que atravessa os problemas discutidos neste livro – da emergência sistemática de um novo *lugar de fala*: o da universidade. Centro de produção democrática de conhecimento, a universidade reuniu intelectuais de classe média cujas experiências, formações e interesses eram diversos daqueles de boa parte da tradição dos intérpretes gerais do Brasil, como Nabuco, Freyre, Sérgio

Buarque, Paulo Prado ou Oswald de Andrade, egressos de classes altas e formados em boa medida fora do Brasil. Compare-se, para mobilizar os extremos, a aristocracia de engenho do mestre de Apipucos, Gilberto Freyre, com a trajetória de Florestan Fernandes, filho de empregada doméstica, espécie de agregado, que chegou a trabalhar como engraxate antes de fazer carreira como sociólogo na universidade pública. Se, até as primeiras décadas do século XX, "teorizar sobre o Brasil era uma espécie de monopólio dos estamentos senhoriais",[66] o estabelecimento das universidades quebrou o monopólio e abriu a produção teórica para outras perspectivas. O novo conhecimento egresso de outra experiência de classe está diretamente ligado à mudança de perspectiva sobre a estrutura de classes brasileira.

Justamente, o centro da crítica feita à tradição dos "explicadores do Brasil" consistiu na percepção de que os conceitos produzidos por ela – como os de "cultura brasileira" ou "homem cordial" – eram demasiadamente generalizantes. Ao não levar em conta especificidades de relações de força sociais, contextos concretos com suas particularidades, acabavam por revelar, nesse "esforço incessante para a unidade",[67] nessa procura por grandes sínteses, os pressupostos ideológicos de suas teorizações, quais sejam (e mesmo que inconscientes, à revelia de suas intenções): interesses dissolventes, conciliadores, "que encobrem, sob fórmulas regionalistas e/ou universalistas, o problema real que é o das relações de dominação no Brasil".[68] Pergunta-se, então, por exemplo, qual o valor descritivo e, sobretudo, qual o valor político de um conceito como o de *homem cordial*, quando se pensa sob a perspectiva das relações de dominação. A regulação das relações sociais pelo afeto, em vez de por princípios abstratos, é um traço universal e espontâneo da cultura brasileira ou está determinado pelo lugar de classe (no caso dos mais fortes, porque não lhes interessa a impessoalidade republicana; no dos mais fracos, porque não têm força para contestar os mais fortes)?

Exemplos menos complexos e sofisticados são úteis para a tentativa de identificação dos princípios críticos que procuro apresentar aqui. Vejamos esse trecho de *Brasil, um país do futuro*, livro escrito sob a influência de Freyre e Sérgio Buarque:

> O Brasil foi a única, entre as nações ibéricas, que jamais conheceu perseguições religiosas sangrentas, nunca viu arder as fogueiras da Inquisição, em nenhum outro país os escravos foram tratados de maneira relativamente mais humanitária. Mesmo suas revoltas internas e mudanças de governo se efetuaram praticamente sem derramamento de sangue.[69]

Ou esse, do mesmo livro: "[...] preserva-se de maneira feliz a tradição brasileira de realizar reviravoltas políticas preferencialmente sem derramamento de sangue e de maneira conciliadora".[70]

Em que pese a dimensão de verdade das afirmações do parágrafo acima (sobre perseguições religiosas e processos conciliatórios), a que perspectiva interessa – isto é, quais são seus "pressupostos ideológicos" – o elogio desse mecanismo histórico perseverante? Essa tradição é "feliz" para quem? É precisamente o "para quem", isto é, a revelação da ideologia, que é instaurado pela perspectiva acadêmica, por meio de operadores teóricos e críticos precisos, mais propícios a elucidar as relações de força entre diversos grupos sociais, em contextos específicos.

A rigor, tal perspectiva, formada por operadores conceituais mais precisos e avessa a uma visão da cultura mais integrada, unificada, teria sido inaugurada com a obra de Caio Prado Jr., contemporânea das de Freyre e Sérgio Buarque. Como observa o historiador uspiano Carlos Guilherme Mota: "com as interpretações de Caio Prado Jr., as classes sociais emergem pela primeira vez nos horizontes de explicação da realidade social brasileira – enquanto categoria analítica".[71]

Sistematizada no núcleo que se formou na USP, em torno de Florestan Fernandes, essa perspectiva acadêmica prossegue por décadas, até hoje. Na abordagem mais recente do sociólogo Jessé Souza, por exemplo, podemos verificar críticas análogas a certas interpretações culturalistas, tais como: "Mas não encontramos classes e grupos sociais na obra de Roberto da Matta",[72] ou "o homem cordial não tem classe social, mesmo em um país tão desigual como o Brasil sempre foi",[73] ou, ainda, ao qualificar o elogio da miscigenação racial, em Freyre, como o "redutor de todas as diferenças".[74] Embora o objetivo de Jessé Souza seja diverso (revelar a demonização do Estado – e, consequentemente, a legitimação da superioridade do mercado – supostamente implícita ou explícita em toda a tradição culturalista da inteligência brasileira), suas críticas passam pelo mesmo ponto daquelas sistematizadas pela sociologia uspiana dos anos 1950 e 1960.

Essa linhagem iniciada em Caio Prado Jr., sistematizada pela sociologia uspiana e continuada ainda hoje não anula a vertente culturalista, antes a problematiza, relativiza e desconstrói. Primeiro porque sua abordagem é outra. Ela privilegia o conservadorismo político, a dimensão socioeconômica, as relações de exploração dos países dominantes para com o Brasil e, dentro deste, das elites para com as classes inferiores. Desse modo, como não poderia deixar de ser, o país se apresenta como um emblema do fracasso. Enquanto, ao contrário, para a linhagem culturalista, o que interessa é precisamente "a sobra, ou o excedente humano, investida nessa empreitada colonial".[75] Ou seja, em uma palavra, a *cultura*. Todas as dimensões da experiência irredutíveis aos planos político e econômico: formas de sociabilidade, arte, língua, sexualidade, culinária, religiosidade etc. Assim, uma linhagem não anula a outra – antes põe a nu seus pressupostos ideológicos, suas generalizações encobridoras, suas consequências políticas, às vezes malgrado ela mesma.

Além disso, seria preciso distinguir, dentro de conceitos de face cultural, aqueles generalizantes e outros resultantes de descrições precisas de contextos sociais específicos, por exemplo, a "dialética da malandragem" em Antonio Candido (um estudo das estruturas sociais do Rio de Janeiro no "tempo do Rei") e o "favor" em Roberto Schwarz (uma figura social característica da realidade de homens livres numa sociedade escravocrata).

O fim da afirmação da cultura popular brasileira como inspiração para a transformação social talvez tenha se dado menos pelas críticas acadêmicas sistemáticas à própria ideia de cultura popular (pertinente, em tantas formulações) do que pela prova incessante da realidade social de que sua banda não toca como a da cultura, de que o buraco é muito mais embaixo, de que, em suma, o que era possível realizar no campo cultural não o era no campo social. Nem país do futuro, nem merecedor da bossa nova, o Brasil agora tinha é *um longo passado pela frente*.[76]

Mas nessa história há ainda outra inflexão importante.

Teve grande repercussão a entrevista que Chico Buarque deu à *Folha de S.Paulo*, em 2004, aventando a hipótese de um "fim da canção". Era no rap que ele encontrava um dos indícios principais desse acabamento: "Quando você vê um fenômeno como o rap, isso é de certa forma uma negação da canção tal como a conhecemos".[77] Chico Buarque estava certo: o rap anunciava mesmo o fim da canção tal como a conhecíamos, tanto da perspectiva formal quanto da política, esvaziada pela poderosa verdade histórica de uma outra canção, cuja forma revelava, por sua vez, uma outra sociedade, e cujas palavras afirmavam um outro projeto de sociedade, outros desejos e outros métodos – métodos de luta, de enfrentamento, de explicitação dos conflitos.

Os Racionais MC's, primeiros grandes arautos dessa transformação da cultura popular vinda de dentro da própria cultura popular, se formaram em 1989. Ideologicamente afiliados à tradição racialista dos movimentos negros estadunidenses, seguiam portanto a política anticordial e dicotomizante (dividindo a população entre brancos ou negros, sem espaços para morenos e demais gradações mestiças) que, bem-sucedida no movimento pelos *civil rights* nos Estados Unidos, já tivera no Brasil, desde os anos 1970, o seu representante com o Movimento Negro Unificado Contra o Racismo e a Discriminação Social (MNU), sob a liderança de Abdias do Nascimento.

O surgimento dos Racionais foi contemporâneo, portanto, ao ano da primeira disputa de Lula à presidência do Brasil. Essa convergência é carregada de sentidos. O primeiro Lula, egresso do sindicalismo, foi a *voz anticordial na política brasileira*, erguendo-se contra as astúcias da modernização conservadora, apoiada por milhões de sujeitos socialmente massacrados, que se galvanizaram por ela. A aparição dos Racionais foi, por sua vez, a de uma *voz anticordial na cultura brasileira*, inspirada pelo racialismo dos negros estadunidenses, veiculada numa forma seca, franca e direta, capaz de internalizar e capturar o sentido da violência brasileira de uma maneira sem precedentes, e cuja força de verdade poética e histórica era tanta que deixou em crise toda a tradição da cultura popular brasileira, que até então, como vimos, se reconhecia em formas intimamente ligadas aos valores do encontro, da mistura, da conciliação de classes.

A voz de Lula e a voz dos Racionais foram contemporâneas em um sentido muito preciso: vibraram os mesmos sentidos históricos, e milhões de pessoas vibraram com elas. Se, como escreveu Tales Ab'Sáber, Lula era a "voz de trovão",[78] os Racionais eram a voz do *porão*. Ritmada por Brown a partir do texto de Jocenir, então preso no Carandiru, "Diário de um detento" (1996), a canção que extrapolou as fronteiras sociais do rap e tornou o grupo conhecido em todo o Brasil era o relato inaugural de um verdadeiro continente obscuro da sociedade brasileira, a experiência prisional, aonde nunca uma voz da cultura popular tinha ido com tanta crueza. E então esse Orfeu mestiço de pele – mas negro simbólico – que é Mano Brown emerge do Hades social nacional com uma antilira inescapável. O porão do Brasil, esse lugar sempre recalcado e sempre retornando no real, agora era formalizado, capturado em seu sentido, quase me recuso a dizer sublimado, tão perto do real está sua forma. E aquela canção formalizava a experiência no Carandiru e se referia ao grande massacre, o recalque do recalque, o real do real e sua piscina de sangue. Era impossível não ouvir.

Chico Buarque estava certo, desse modo, ao identificar no rap o fim da canção tal como a conhecíamos. Pois essa canção, de que o próprio Chico – branco, de olhos azuis, de família abastada e tradicional – era um dos representantes maiores, vinha sendo frontalmente contestada pelo rap dos Racionais e de muitos outros grupos. Aquela canção é formada na tradição do *encontro* e das mediações culturais, da sociabilidade entre "raças" e entre classes que atravessa a história da música popular brasileira, situando-a sob a égide de um projeto de mestiçagem. É a história, como vimos, das misturas de que o samba se origina e da afirmação, pelo samba, dessa mistura; é a história da mulata, a tal, como símbolo maior desse encontro cultural. É a história da bossa nova classe média de Ipanema aproximando-se e reinventando os sambas de negros pobres dos subúrbios e morros cariocas. É a história de Francisco Alves e Mário Reis. É a história de Nara Leão e Zé Keti. É a história de Chico Buarque e Geraldo Pereira. E é uma história que começa bem antes disso.

Hermano Vianna historiou essa tradição do encontro em seu *O mistério do samba*, que estuda a formação da cultura popular e o processo de transformação que a fez passar de socialmente perseguida, ainda no começo do século XX – quando ao boêmio que carregava seu violão, caso surpreendido pelo Major Vidigal, "o único remédio que tinha era fugir, se pudesse, porque com certeza não escapava por outro meio de alguns dias de cadeia"[79] –, a detentora dos maiores símbolos de identificação nacional: o samba, o Carnaval e o futebol.

Os encontros que viriam a formar a cultura popular remontam, como estudou Freyre, a todo o período colonial. Tratando especificamente de canção, já no século XVIII o padre mulato carioca Domingos Caldas Barbosa levou sua modinha para a corte de Portugal, onde teria até influenciado compositores eruditos. No começo do século XX, há Nazareth, com sua formação erudita devidamente amaxixada; Pixinguinha, negro com domínio magistral das harmonias da tradição tonal europeia, devidamente transformadas em autêntico choro nacional; o ex-estivador e compositor Catulo da Paixão Cearense, que em plena belle époque carioca fazia sucesso com suas modinhas e serestas nos salões mais nobres da cidade etc., numa longa e inesgotável série de cruzamentos classiais, raciais e, claro, semiológicos. Pois essa tradição empírica de encontros tem como correlato semiológico a série de cruzamentos culturais, que incluem batuque de origem africana, melodias europeias e letras urbanas, de que viria a resultar o samba como gênero musical definido. O samba, símbolo-mor da canção "tal qual a conhecemos", é sob todos os aspectos fruto de uma miscigenação, a qual passaria a representar. Já o rap dos Racionais era uma negação da canção como a conhecemos, isto é, a canção do encontro: o rap é um gênero cantado por negros que reivindicam uma tradição cultural negra. *Mano é mano, playboy é playboy.*

Essa perspectiva de cisão racial no interior da sociedade brasileira por si só aniquila a ideia de cultura popular como a estamos apresentando aqui. E a fraternidade entre os negros é o eixo mesmo da estratégia política racialista. Para os Racionais, tratava-se de afirmar o valor de uma tradição eminentemente negra (não mestiça), capaz de funcionar como lugar de referência horizontal para os negros, quase sempre em posição desfavorável na sociedade do espetáculo e do consumo. O pronome principal de tratamento entre eles, *mano*, enfatiza essa necessidade de estabelecimento de horizontalidade, fundada em uma identidade comum. Segue-se daí também a recusa dos Racionais ao modus operandi do espetáculo, com sua lógica das exceções que acabam por ajudar a manter a regra. Como observa Maria Rita Kehl:

> Para eles, a questão do reconhecimento e da inclusão não se resolve através da ascensão oferecida pela lógica do mercado, segundo a qual dois ou três indivíduos excepcionais são tolerados por seu talento e podem mesmo se destacar de sua origem miserável, ser investidos narcisicamente pelo *star system* e se oferecer como objetos de adoração, de identificação e de consolo para a grande massa de fãs, que sonham individualmente com a sorte de um dia também virarem exceção.[80]

Não; o problema do reconhecimento só pode ser resolvido coletivamente, pela identificação com uma tradição própria e um sistema de valores comum. Os Racionais não se apresentam como estrelas, em posição de superioridade a seus manos negros. Basta vê-los no palco. No lugar do cantor hiperfetichizado, do *band leader* ou de qualquer hierarquia espacial, em shows dos Racionais o palco é, sob todos os aspectos, horizontal: cheio de gente, adultos e crianças, cantores, músicos e dançarinos, todos juntos. Eles não excluem seus iguais. "Se eles excluem alguém, sou eu, é você, consumidor de classe média – 'boy', 'burguês', 'perua', 'babaca', 'racista otário'".[81] Nada mais distante das grandes sínteses culturalistas dos "explicadores do Brasil", com seu "esforço incessante para a unidade", ou da ideia de cultura popular, com seus traços de mestiçagem, encontro e conciliação. Terá sido com os Racionais MC's que, pela primeira vez no Brasil, os movimentos identitários ganham escala, extrapolam as fronteiras mais estreitas da academia ou mesmo dos movimentos sociais e ganham o campo amplo da cultura.

Simultaneamente ao surgimento dos Racionais, uma movimentação de mesmo sentido transcorria no âmbito institucional do governo federal. Sob a presidência de Fernando Henrique Cardoso, a perspectiva racialista começou a se traduzir em políticas públicas do Estado. FHC, como mencionei, fez parte da escola de sociologia da USP que iniciou o processo de desconstrução sistemática das grandes sínteses culturalistas. Suas pesquisas sobre a situação dos negros no Brasil do século XX o levaram a identificar, nas desigualdades sociais, um preconceito propriamente de cor, irredutível portanto aos desequilíbrios perpetuados por uma abolição desprovida de uma vasta política de integração da população negra na sociedade livre. Como ele lembraria anos depois, já presidente da República: "Nunca me esquecerei de que, nas muitas favelas pelas quais andei, as famílias negras viviam sempre nas áreas mais pobres. O setor mais miserável da favela era onde estavam as famílias negras. Portanto dizer que é só uma questão de classe não é certo".[82]

Em consonância com essa perspectiva, FHC, como conta o jornalista Ali Kamel, "deu curso à institucionalização da nação bicolor".[83] Em 1995, primeiro ano do mandato, criou o Grupo de Trabalho Interministerial para Valorização da Mulher Negra, com representantes da "comunidade afro-brasileira". Criou o Programa Nacional dos Direitos Humanos, que tinha entre seus objetivos "apoiar as ações da iniciativa privada que realizem a discriminação positiva"; "desenvolver ações afirmativas para o acesso dos negros aos cursos profissionalizantes, à universidade e às áreas de tecnologia de ponta"; e, ainda, "determinar ao IBGE a adoção do critério de se considerarem os mulatos, pardos e pretos como integrantes do contingente da população negra"[84] (este último ponto nunca chegou a ser implementado).

Em 2002, já no apagar das luzes de seu segundo mandato, o governo FHC criou o Programa Nacional de Ações Afirmativas, que determinava a observância, pelos órgãos da Administração Pública Federal, "de requisito que garanta a realização de metas percentuais de participação de afrodescendentes, mulheres e pessoas portadoras de deficiências físicas no preenchimento de cargos em comissão".[85] Embora o plano não tenha sido realizado, o gesto inicial de institucionalização da perspectiva racialista desdobrou-se no debate público mais amplo e, apesar das diversas vozes de intelectuais (antropólogos, sobretudo) e artistas contrários a ela, foi adiante, desenvolvendo-se em sucessivas ações afirmativas; a mais impactante delas tendo sido a adoção de cotas para negros em universidades, progressivamente adotadas por instituições federais de diversos estados.

O governo Lula deu continuidade a essa perspectiva e criou a Secretaria da Igualdade Racial, determinou a obrigatoriedade de cotas nas universidades federais e implementou o Estatuto da Igualdade Racial.

O Brasil da primeira década do século XXI já dispunha portanto de toda uma tradição anticordial, propugnadora da explicitação dos conflitos e fundamentada em lutas identitárias. Três fatores, entretanto, ainda seriam necessários para que essas lutas se desdobrassem, no sentido de sua expansão, sua sistematização e seu aprofundamento: as revoltas de junho de 2013, o colapso do lulismo e a enorme adesão ao uso de redes sociais digitais. Juntos, esses elementos formaram as características do novo espaço público brasileiro.

2.
O novo espaço público no Brasil

O colapso do lulismo

O lulismo nasceu sob o signo da conciliação. Após ser derrotado em três pleitos presidenciais, o sindicalista "baderneiro", líder das greves operárias dos anos 1970 e 1980, "sapo barbudo" comunista das eleições de 1989, no início do século XXI abandonava a postura de enfrentamento, unia-se a um partido de centro-direita, apresentava como candidato a vice um nome de extração empresarial, entregava uma Carta ao Povo Brasileiro firmando um compromisso com garantias ao capital e declarava-se o candidato da paz e do amor. A "voz de trovão" trabalhadora cedia lugar ao *Lula de pelúcia*.[86]

Eleito, Lula adotou uma política econômica conservadora, decidido a evitar o confronto com o capital. Logo em seus primeiros meses de governo, o Comitê de Política Monetária do Banco Central aumentou os juros de 25% para 26,5%; o Executivo subiu a meta de superávit primário em 0,5% e anunciou um corte de 14,3 bilhões de reais no orçamento público (quase 1% do PIB estimado para aquele ano). Como observou André Singer, "as condições para o programa de combate à pobreza viriam da neutralização do capital por meio de concessões, não do confronto".[87]

O combate, portanto, seria contra a pobreza, mais do que contra a desigualdade. E foi amplamente vencido dessa maneira. Sob o tripé da sistematização e expansão do programa

Bolsa Família, aumento real progressivo do salário mínimo, instauração e expansão do crédito consignado (que, descontando o pagamento diretamente do salário do devedor, reduzia drasticamente os juros cobrados), e contando ainda com os bons ventos do boom das commodities no mercado internacional (que tiveram valorização média de 89% no período de 2002 a 2006), o governo Lula conseguiu ativar o mercado interno, levar o país a uma situação quase de pleno emprego e erradicá-lo do mapa da miséria. Em 2010, último ano do governo, o salário mínimo totalizava 50% de aumento real, além dos reajustes inflacionários. Cerca de 12 milhões de famílias de baixa renda recebiam auxílio do Bolsa Família. O crescimento do PIB, naquele ano, foi de 7,5%. O desemprego caíra para apenas 5,3%. E o índice de Gini, que mede a desigualdade de renda, fora de 0,5886, em 2002, para 0,5304, em 2010.[88] Realizara-se o programa de "diminuição da pobreza com manutenção da ordem".[89]

O lulismo, portanto, não deixou de ser, finalmente, a tradução político-social do modelo conciliador da cultura popular. Há em Lula, em sua figura pessoal, uma dimensão de cordialidade: o recurso ao afeto, a proximidade física, a notória capacidade de conciliação. A ambiguidade do lulismo reúne "conservação e mudança, reprodução e superação, decepção e esperança num mesmo movimento".[90] Seu saldo final pode ser descrito como uma solução de compromisso entre "o neoliberalismo da década anterior [...] e o reformismo forte que fora o programa do PT até às vésperas da campanha de 2002".[91]

Para ficar num quadro de apenas algumas linhas importantes, conseguiu-se retirar milhões de famílias do fosso da miséria (como disse um poeta, a expressão "linha da miséria" é um eufemismo perverso dos economistas), franquear a outras tantas o acesso a bens fundamentais (moradia, alimentação decente, eletrodomésticos), expandir o acesso ao ensino universitário, reduzir a desigualdade da experiência da circulação urbana (os pobres frequentando aeroportos é um dos símbolos maiores dessa mudança) e elevar enormemente a autoestima nacional. Por outro lado, deixou intocados os vícios estruturais do sistema político institucional, deixou fragilizados os povos indígenas (principalmente no governo Dilma), não realizou uma reforma tributária profunda, capaz de corrigir as desigualdades brutais do sistema vigente, e aceitou, reproduziu e aprofundou as relações promíscuas entre empresas privadas e poder público.

Essa dimensão de imobilismo no interior do movimento seguramente ajuda a explicar o início de seu colapso. Esse início pareceu um raio em céu azul. Foi em junho de 2013. E o céu, obviamente, nunca esteve perto de azul.

Por um lado, as manifestações de massa de junho e julho de 2013 parecem confirmar a máxima de Tocqueville, segundo a qual as revoluções tendem a ocorrer quando as coisas estão melhores, e não quando vão muito mal. Pois, de fato, a popularidade do governo apresentava, em março, índices elevados, com 65% da população considerando-o ótimo/bom. A economia ainda estava aquecida e o desemprego, bem baixo. Por outro lado, a era Lula recalcou um conjunto enorme de contradições que, como todo recalque, poderiam voltar no real. Voltaram.

Junho de 2013 foi um momento que permanece desafiando uma explicação geral e totalizante. Diferentemente de outras grandes mobilizações históricas das últimas décadas, como a Passeata dos Cem Mil (1968), as Diretas Já (1984) ou o Fora Collor (1992), nas jornadas de junho a pauta não era clara e unívoca. Os protestos surgiram com a agenda da revogação do aumento da passagem e o pleito do passe livre, mas logo passaram a incluir demandas variadas, difusas, e uma gama heterogênea e mesmo contraditória de sentidos. Entre esses sentidos, para muito além dos vinte centavos reais e simbólicos que o deflagraram, seguramente estavam no processo: uma movimentação política internacional, articulada com a novidade das redes sociais digitais; a "blindagem do sistema político" brasileiro, isto é, uma crise da democracia representativa; e a proximidade dos grandes eventos mundiais, Copa do Mundo e Olimpíadas, que o Brasil sediaria – uma vez que evidenciavam a disparidade entre os gastos públicos dedicados à sua realização e aqueles dedicados aos serviços públicos essenciais, deslizando rapidamente daí para o questionamento de toda a lógica do Estado brasileiro, suspeito de favorecer o capital em detrimento de seus cidadãos[92] (lógica que, como dito, o lulismo relativizou, mas não aboliu).

Talvez os dois temas principais de cartazes levados nos protestos tenham sido a lógica dos gastos públicos e a crise de representatividade. A revolta contra a lógica dos gastos públicos encontrou seu alvo nos grandes eventos próximos (Copa do Mundo de 2014 e Jogos Olímpicos de 2016). Como observou o cientista político João Brant, as manifestações contra a Copa articularam críticas a aspectos diversos, como a submissão do interesse público ao privado, a corrupção, as violações de direitos sociais e civis (como as desapropriações urbanas) e as medidas que afetavam a soberania nacional (chegou-se a mudar leis brasileiras por imposição da FIFA). Desse modo, conclui João Brant, é possível dizer que as manifestações contra a Copa estiveram relacionadas aos dois principais aspectos dos protestos de junho: "a crise de representação, por conta das decisões tomadas sem levar em consideração os direitos dos cidadãos, e o mal-estar urbano (especialmente em virtude da política de remoções), que também está na raiz das manifestações contra o aumento da tarifa".[93]

Sobre a crise de representação, uma pesquisa do Ibope realizada no dia 20 de junho (auge dos protestos, com cerca de 1,5 milhão de pessoas nas ruas do país), com manifestantes em oito capitais, revelou que 89% deles não se sentiam representados por políticos e 83%, por partidos.[94] Sobre isso, Marcos Nobre observou:

> Ao gritar e escrever "não me representa", quem se manifesta não quer apenas que o sistema político mude seu modo de funcionar: pretende mudar o jeito como a representação política é entendida. Não quer votar periodicamente e apenas guardar a esperança de ser devidamente representado pelas instituições formais. Pretende encontrar novos caminhos de participar da política, tanto institucional quanto cotidiana.[95]

O sistema político brasileiro, quase que exclusivamente representativo, destituído de mecanismos de democracia direta, estava formando nuvens negras ainda imprevistas no horizonte do céu de brigadeiro do lulismo. Sua blindagem foi ficando insuportável à medida que, ainda segundo Nobre, correlata ao novo modelo de sociedade do lulismo, ia se firmando uma "nova cultura política".[96] Esta exerceu uma pressão que não encontrava escoamento nos canais institucionais – e, assim, "todos os confrontos que o sistema neutralizou à força de pemedebismo irromperam nas ruas".[97]

Aberta a caixa de Pandora, veio tudo de uma vez. A pauta original do Movimento Passe Livre, de início com capacidade de mobilização reduzida, ao ser literalmente bombada pela Polícia Militar de São Paulo, angariou a revolta da população contra a PM e a maior simpatia dos grandes veículos de mídia, que até esse dia – 13 de junho, em que uma jornalista da *Folha de S.Paulo* foi atingida no olho por uma bala de borracha – enfatizavam em sua cobertura o chamado "vandalismo" das depredações. A partir daí, os atos se agigantaram e se espalharam por diversas capitais do país. A pauta original se dispersou em múltiplas queixas. Os manifestantes de esquerda se dividiam entre os "sem partido!" e os "sem fascismo!". Começou uma disputa narrativa pelos sentidos dos protestos, envolvendo a grande mídia, com a tentativa de pautar temas, como o combate à corrupção, então simbolizado pela PEC 37 que limitava a atuação do Ministério Público Federal. Os manifestantes de direita também ocuparam as ruas, tudo ao mesmo tempo, ficando o sentido ideológico geral bastante confuso a certa altura, restando em comum apenas um abstrato e genérico "contra tudo o que está aí". Sentindo a confusão, boa parte da esquerda se retirou; sentindo o prejuízo, a esquerda governista se retirou completamente. Ficaram os *black blocs*, que foram devidamente apropriados pela grande imprensa: erigida a protagonista do movimento, a vidraça estilhaçada dos caixas eletrônicos terminou de esvaziar o caráter de massa dos protestos. No refluxo, restou a nova direita, que logo se organizou em movimentos sociais de forte atuação digital e, impulsionada algum tempo depois pela queda livre da economia e pela operação Lava-Jato, voltou a ocupar as ruas, agora maciçamente e sem ambiguidades, pedindo o fim da corrupção, o impeachment de Dilma Rousseff e, aqui e ali, a volta das Forças Armadas.

A corrupção não acabou, o Exército não voltou, mas a presidenta caiu mesmo. A complexidade de junho de 2013 é, claro, bem maior do que o apresentado nessa breve descrição, mas uma coisa parece inequívoca: o fim do lulismo teve ali o seu marco zero. Ainda amparada fortemente pelo subproletariado do Norte e Nordeste (os "menos informados", segundo o ex-presidente FHC),[98] fração de classe que foi a base do lulismo,[99] Dilma Rousseff chegaria a se reeleger, em 2014, a duras penas, numa disputa acirrada contra o principal candidato da direita, Aécio Neves. Mas o primeiro e decisivo golpe já lhe fora dado. Junho abolira a *pax lulista*, permitira a organização e o desenvolvimento de uma nova direita e acabara por desgastar o governo com boa parte da sua própria base – que não ficou muito feliz de ser tratada como "terrorista" por uma lei, proposta pelo Executivo, que visava intimidar as manifestações. O governo já iniciou seu novo mandato numa sinuca de bico: pressionado pelos maus indicadores (e pela elite financeira), deu uma guinada abrupta à direita na política econômica, perdendo apoio na esquerda; pressionado pelo parlamento, aprofundou seu engajamento na lógica pemedebista e chegou a compor com o deputado Eduardo Cunha, inimigo público número 1 do país, até a situação ficar insustentável, perdendo apoio na esquerda, nas classes médias em geral e na direita *soi disant* republicana. Finalmente a degradação progressiva e profunda da economia fez com que o governo perdesse todos os apoios de uma vez – do subproletariado, do proletariado, da classe média, da elite financeira e dos parlamentares que ainda pareciam ter algum pudor em destituir uma presidenta da República por meio de uma ficção jurídica. Restaram os que julgavam defender a Constituição e a preservação do pilar fundamental da democracia – o voto. A resistência destes foi ignorada e o lulismo, defenestrado.

Quaisquer que tenham sido os demais sentidos de junho, e quaisquer que sejam as suas potencialidades abertas (algumas cumpridas, outras não), foi ali que começou a se encerrar o ciclo do PT no governo federal. Não importa que, para boa parte dos manifestantes de então, os protestos deveriam se dar no interior de um paradigma político de esquerda. Confirmando o ditado italiano – *Piove, governo ladro!* –, o efeito mais concreto foi a corrosão dos mandatários da instância máxima. Como observa Wilson Gomes, quaisquer que tenham sido os motivos, "paga quem governa".[100] Comprovam-no as pesquisas de opinião realizadas no período. Pelo Datafolha, em março o governo tinha 65% de avaliação ótimo/bom; no fim de junho, esse número já caíra quase pela metade, atingindo 30%. Inversamente, os conceitos ruim/péssimo passaram de 7% a 25% no mesmo período. Ou seja, "sem que nada mudasse no cenário das políticas públicas ou dos fatos políticos, exceto pelas manifestações",[101] 35% da população deixou de aprovar o governo. Conforme analisou o presidente do instituto Vox Populi, Marcos Coimbra:

> O que parece é que Dilma sofreu uma perda considerável de intenção de voto pelo fato de os cidadãos terem ido às ruas se manifestar e não pela preexistência de uma elevada insatisfação com ela ou com seu governo. Em outras palavras, as manifestações foram causa, e não consequência do tamanho e do tipo de descontentamento retratados hoje [agosto de 2013] pelas pesquisas.[102]

Isso se explica, ainda segundo Coimbra, por dois fatores, que ele chama de "efeito demonstração" e "sensação de insegurança". O primeiro se refere ao efeito causado pela superexposição midiática dos protestos, que fez com que "mesmo quem tinha uma insatisfação 'aceitável' passou a achar que devia 'indignar-se', ainda que não soubesse exatamente contra o quê"[103] (e sobretudo, pode-se acrescentar, a favor do quê). O segundo designa o impacto na sensação de insegurança causado pela visibilização intensa da violência nas ruas do país. A repetição diária de cenas de "vandalismo", depredação de bens privados e públicos, atinge diretamente o governo responsável.

Em suma, junho de 2013 atirou a primeira pedra no lulismo. Outro sentido inequívoco das jornadas de 2013 é que, de lá para cá, amplos setores da sociedade brasileira despertaram do marasmo político e passaram a ocupar espaços públicos, urbanos, midiáticos tradicionais, institucionais e sobretudo digitais. Com o fim do lulismo sobreveio uma sociedade crítica, em permanente crise consigo mesma, problematizando todas as dimensões e aspectos da vida social. Dentro desse movimento, emergiram com força sem precedentes as lutas identitárias.

As redes sociais digitais

Junho de 2013 já era um efeito (e viria a se tornar também causa) da emergência de um novo espaço público no Brasil, potencialmente capaz de articular os espaços digital e urbano, articulado ele mesmo aos acontecimentos produzidos pelos novos espaços públicos de diversos países nos anos imediatamente anteriores; e articulado ainda, de forma ambígua, ao espaço público tradicional (sobretudo à dita "grande imprensa"), que ele a um tempo desconstruiu, revelou, utilizou e para cuja crise contribuiu. O que aconteceu, na primeira década do século XXI, e veio a produzir tremendo impacto social na presente década, foi uma mudança fundamental no domínio da comunicação: o surgimento do que Manuel Castells chama de *autocomunicação*, isto é, o uso da internet e das redes sem fio como plataformas da comunicação digital. Nela, "a produção da mensagem é decidida de modo autônomo pelo remetente, a designação do receptor é autodirecionada e a recuperação de mensagens das redes de comunicação é autosselecionada".[104] Além disso, trata-se também de uma comunicação de massa, porque "processa mensagens de muitos para muitos, com o potencial de alcançar uma multiplicidade de receptores e de se conectar a um número infindável de redes que transmitem informações digitalizadas pela vizinhança ou pelo mundo".[105]

Os primeiros efeitos de impacto social verdadeiramente estrutural desse novo meio de comunicação fizeram-se sentir na Tunísia, em 2009, e na Islândia, em 2011, logo se disseminando para uma série de outros países, formando uma rede de revoltas instaurada pela articulação entre autocomunicação digital e ocupação do espaço público, visando abrir brechas nos bloqueios institucionais que, guardadas as diferenças locais (dos países árabes abertamente ditatoriais, passando pelo sequestro da democracia pela elite financeira da Islândia, até às democracias de baixa intensidade da Espanha, dos Estados Unidos e do Brasil), eram todos potenciais estopins de revoltas. Faltava uma ferramenta que pudesse a um tempo fazer circular massivamente uma informação contraideológica (em oposição aos grandes grupos midiáticos e suas próprias redes de poder e interesses, articulados que estão às elites financeiras e políticas de seus países) e estabelecer um circuito afetivo capaz de superar o medo e desencadear processos de revolta.

Na Tunísia, tudo começou quando, numa cidadezinha de 40 mil habitantes, um vendedor ambulante, Mohamed Bouazizi, em protesto extremo contra o confisco sistemático de sua banca de frutas pela polícia local, tacou fogo no próprio corpo numa manhã de dezembro de 2010. Seu primo gravou o protesto e distribuiu o vídeo pela internet. A imagem viralizou e desencadeou uma série de outros suicídios e tentativas de suicídios, provocando a ira e a coragem da juventude tunisiana. Novos protestos se espalharam e chegaram à capital. A repressão policial foi brutal, matando pelo menos 147 pessoas e ferindo outras centenas. Em 12 de janeiro de 2011, entretanto, o general-chefe das Forças Armadas tunisianas recusou-se a abrir fogo contra seus concidadãos. Foi exonerado, mas logo em seguida o ditador Ben Ali, pressionado pelo povo e tendo perdido o apoio do governo francês, seu maior aliado, deixou o país e se refugiou na Arábia Saudita. Os manifestantes seguiram protestando e reivindicando transformações estruturais profundas: o afastamento de todo o comando do regime, liberdade política e de imprensa, eleições diretas efetivamente democráticas, o fim da corrupção política, da especulação financeira, da violência policial e da subserviência da mídia. Como observa Manuel Castells: "a conexão entre comunicação livre pelo Facebook, YouTube e Twitter e ocupação do espaço urbano criou um híbrido espaço público de liberdade que se tornou uma das principais características da rebelião tunisiana, prenunciando os movimentos que surgiriam em outros países".[106]

Como disse um participante dos protestos da praça Tahrir, no Egito, as revoluções árabes não foram mesmo televisionadas, *foram tuitadas*. Na Tunísia, já havia uma cultura digital ativista, feita por blogueiros críticos, alguns dos quais encarcerados pelo governo. Além das redes digitais citadas, destaque-se ainda o papel da Al Jazeera, canal de televisão por satélite fora do controle governamental. Cerca de 40% dos tunisianos em áreas urbanas assistiam ao canal, cuja programação estabeleceu uma "relação simbiótica entre jornalistas, cidadãos utilizando seus celulares para carregar imagens e informações no YouTube, e a Al Jazeera, usando feeds por eles enviados e depois transmitidos à população em geral".[107]

De modo análogo, nos protestos da Islândia o papel da internet e das redes sociais foi fundamental, em parte porque 94% dos islandeses estão conectados à internet e dois terços são usuários do Facebook. Seguindo a leitura de Castells, é possível afirmar que, da Tunísia ao Brasil, os protestos cumpriram uma dinâmica semelhante: "os ativistas, como dizem alguns, planejaram os protestos no Facebook, coordenando-os pelo Twitter, divulgando-os por SMS e transmitindo-os ao mundo pelo YouTube".[108] No Brasil, já vinha ocorrendo um crescimento da base de usuários das redes sociais digitais. Na época dos protestos, o país contava com cerca de 76 milhões de pessoas registradas no Facebook (dos quais 47 milhões a usam todos os dias). Um ano antes dos protestos, o Twitter já contava com mais de 40 milhões de usuários brasileiros.[109] Os protestos a partir de junho foram, via de regra, convocados por redes sociais digitais; pode-se identificar uma homologia entre as formas de organização e ação dos movimentos sociais protagonistas daquele momento (do Movimento Passe Livre aos *black blocs* e Mídia NINJA) e as características das redes (ambos horizontais, desierarquizados, descentralizados). Os conflitos nas ruas eram registrados e difundidos por uma mídia de origem social completamente diferente, que não se pretendia não ideológica, mas contraideológica, e que assim oferecia outra versão da realidade em relação àquela apresentada pelas grandes corporações de mídia. O Facebook, sobretudo, se transformou numa espécie de *metamídia*, na qual a interpretação da grande mídia era submetida ao escrutínio de leitores, muitos dos quais professores universitários sem espaço na mídia tradicional, que criticavam suas versões e acabavam por revelar as motivações ideológicas nelas embutidas, produzindo assim uma tomada de consciência generalizada do papel da mídia tradicional no Brasil, o que contribuiu para a sua crise.[110]

Uma das consequências mais importantes da emergência do novo espaço público foi o questionamento do papel da grande imprensa. Quaisquer que sejam os eventuais exageros sobre o seu nível de parcialidade ideológica traduzida em manipulação disfarçada da realidade, o fato é que a grande imprensa saiu da zona de conforto, tendo seus princípios e métodos frontalmente questionados, e em alguns casos sendo alvo direto de protestos concretos: no dia 17 de junho, a sede da Rede Globo foi incluída no percurso do ato de São Paulo, que reuniu cerca de 100 mil pessoas; nas semanas seguintes, houve protestos no Rio de Janeiro e em São Paulo especificamente contra a emissora, diante de suas sedes. Um editorial da *Folha de S.Paulo* de julho de 2013 procurou diminuir a importância das redes sociais digitais como nova mídia, afirmando que "as redes são uma ampla câmara de ressonância da própria mídia".[111] Entretanto, mesmo que as redes compartilhem muitas matérias da mídia tradicional, fazem-no muitas vezes para criticar os próprios princípios jornalísticos que as realizaram. Isso foi a tônica no período das revoltas de junho e julho de 2013. E isso faz das redes antes uma *ampla câmara de dissonância* da mídia tradicional.

Ainda está para ser feito um estudo detalhado do comportamento da grande mídia no período que vai de junho de 2013, passando por todo o processo do impeachment de Dilma Rousseff, até os desdobramentos da Lava-Jato. O que quer que ele revele, terá que incluir momentos de evidente distorção deliberada. Por exemplo, a ocasião em que o papa Francisco, em seu discurso no Teatro Municipal do Rio de Janeiro, em julho de 2013, disse a seguinte frase: "Entre a indiferença egoísta e o protesto violento, há uma opção sempre possível: o diálogo". Pois bem, no dia seguinte, a manchete da capa de *O Globo* era: "Papa prega diálogo contra protestos violentos".[112] Ora, o papa criticou, ao mesmo tempo, o Estado surdo e a resposta violenta das ruas. E é impossível deixar de mencionar a antológica manchete, também de *O Globo*, nos dias seguintes à morte do cinegrafista Santiago Andrade, vitimado por um rojão lançado por um manifestante, enquanto fazia a cobertura de um protesto: "Estagiário de advogado diz que ativista afirmou que homem que acendeu rojão era ligado ao deputado estadual Marcelo Freixo".[113] Ou seja, todo um diz que diz cômico, mobilizado com o intuito de associar um político de esquerda a um crime com o qual ele não teve rigorosamente nada a ver. Em suma, o modus operandi da grande mídia passou a ser percebido com muito maior desconfiança a partir de junho de 2013 devido à ação de *metamídia* das redes sociais digitais.

Retomando o fio da meada, pode-se afirmar que os protestos de massa, pelo abalo social que se mostraram capazes de realizar – independentemente de seus resultados institucionais, bastante heterogêneos nos diversos países –, contribuíram decisivamente para consolidar as redes sociais digitais como um novo espaço público. Para além dos protestos, entretanto, esse novo espaço público comprovou-se dotado de características próprias: democratização do acesso à fala pública; relativização da produção da realidade feita pelas corporações de mídia; autoedição de informações do mundo inteiro; facilitação da auto-organização de movimentos sociais; tensionamento da política institucional, tentando abrir-lhe brechas; e, sobretudo, para o interesse desse ensaio, mobilização da sociedade para lutas de reconhecimento, que em âmbito digital são disputas por corações e mentes, mais do que tentativas de transformação institucional imediata.

Nem tudo são flores, entretanto, nesse novo espaço público. Se, por um lado, ele é constitutivamente mais democrático (por ser um meio de autocomunicação) – e a conjunção de fatores que estamos analisando propiciou que tenha se tornado mais intenso e indócil –, por outro lado ele tem se revelado mais polarizado, dogmático e violento do que o espaço público tradicional. Parte disso se explica pela própria natureza do meio. O espaço público tradicional (imprensa, universidade, livros, simpósios etc.) possui os traços da impessoalidade e do filtro de qualidade argumentativa. Quando, por exemplo, se escreve um artigo para jornal, se publica um livro ou um ensaio em revista acadêmica, o destinatário é impessoal; escreve-se para um leitor abstrato, potencialmente universal (não num sentido empírico, claro). Isso garante a esse espaço público seu traço de pertencimento fundamental ao registro do simbólico, exceto em casos específicos; nas polêmicas de imprensa, por exemplo, quando o destinatário se torna um sujeito concreto, o registro se torna em boa medida imaginário (isto é, narcísico, rivalitário). O espaço público das conversas pessoais, por sua vez, geralmente se forma entre sujeitos concretos que têm vínculos afetivos de amizade, o que tende a limitar a agressividade.

As redes sociais digitais, contudo, reúnem, ao mesmo tempo, pessoalidade e coletividade. Nelas, o destinatário é múltiplo, mas esse múltiplo é formado por um conjunto de indivíduos concretos. Como no espaço público tradicional, uma intervenção pode atingir milhões de pessoas; mas, diferentemente do que se passa naquele, essas pessoas estão ali, presentes, se não empiricamente, imaginariamente, com seus narcisismos sempre a postos. Essa copresença imaginária dos participantes é o que torna as redes sociais digitais um espaço público em larga medida inscrito no registro imaginário – que é o campo do narcisismo, logo, da agressividade. É a copresença imaginária, em grande escala quantitativa, que propicia os comportamentos grupais violentos e covardes: as "lacrações", os *public shamings*, os escrachos digitais, os linchamentos. Em suma, práticas contra as quais este livro se ergue.

Foi nesse ambivalente novo espaço público, não por acaso, que se sistematizaram e se intensificaram as lutas identitárias

Lutas identitárias

Os fatores causadores da sistematização e intensificação das lutas identitárias foram, portanto, além do fator indireto do colapso do lulismo e das revoltas de junho – enquanto marcos de tensionamento social generalizado –, o bloqueio permanente do sistema político (bem como a resistência das instituições públicas a mudanças) e a relação, por assim dizer, consubstancial entre a natureza das lutas identitárias e a natureza do novo espaço público (que tem como núcleo as redes sociais digitais, já consolidadas e expandidas): um e outro operam no âmbito do reconhecimento, mais do que naquele das transformações institucionais diretas.

É preciso entretanto lembrar que os movimentos sociais identitários, enquanto autoconscientes, organizados e sistemáticos (isto é, agindo todos simultaneamente), têm uma história. Essa história remete à década de 1960, notadamente ao momento político de Maio de 1968. Foi em consequência do contexto político global daquele momento que emergiram os grupos identitários, em sua forma autoconsciente e organizada sem precedentes; já que, por óbvio, lutas de grupos negros e feministas antecedem esse período. Na história da esquerda – ou melhor, das esquerdas –, 1968 fez surgir outra vertente, que passaria à historiografia como associada às políticas das diferenças.

O contexto histórico global do surgimento dessa esquerda é complexo, mas podemos identificar alguns traços principais. Ela emerge, como observa Fredric Jameson, em meio a uma crise da "concepção clássica da classe social".[114] Os anos 1960 testemunharam, de um lado, a guerra imperialista dos Estados Unidos no Vietnã; de outro, a divulgação dos crimes de Stálin, assim como manifestações de totalitarismo nas experiências socialistas da China, de Cuba e da União Soviética, além dos indícios de crise econômica do bloco comunista. Isso desencadeou críticas, em todo o mundo, às instituições comunistas. Essa erosão da centralidade do conceito de classe (ou das respostas propostas a ele) foi um dos fatores a produzir a emergência de uma nova esquerda, baseada em outras referências.

Tal erosão envolveu ainda outros fatores. Como historia Vladimir Safatle, contribuiu para ela a "integração do operariado aos sistemas de seguridade e às políticas corretivas dos ditos Estados de bem-estar social [nos países anglo-saxões e da Europa ocidental] a partir dos anos 1950".[115] Já no período de 1968 se estabeleceu uma crítica ao trabalho alienado, de regime taylorista, hierarquizado, que era a base da perspectiva revolucionária marxista (o proletário como a classe *totalmente* despossuída, de onde partiria a insurreição). Em oposição a essa forma de trabalho, deu-se uma valorização das atividades mais flexíveis e arriscadas, cujo sentido era o da autorrealização, mesmo que isso implicasse perda de estabilidade e menor remuneração. No lugar da crítica clássica à exploração da força de trabalho, há uma crítica à inautenticidade do trabalho tradicional, à sua incapacidade de responder "às exigências individuais de autorrealização".[116] É no contexto dessa crítica ao trabalho, considerado em sua dimensão impessoal, que emergem os pleitos por reconhecimento de formas de vida particulares: os movimentos identitários.

Some-se ainda a tudo isso, a partir do fim dos anos 1950, a entrada em cena do conceito de multiculturalismo (perspectiva de reconhecimento de formas de vida particulares) e sua institucionalização nas políticas públicas de países como o Canadá e os Países Baixos; e ainda o desenvolvimento de uma reflexão filosófica "sensível à natureza disciplinar das estruturas de poder, que pretendiam impor normatividades no campo da sexualidade, do desejo, da normalidade psíquica, da estrutura da família, da constituição dos papéis sociais".[117] Já desde os anos 1930, com os estudos da escola de Frankfurt, e nos anos 1960, com as ideias do teórico francês Guy Debord e de Foucault, entre outros, revelava-se o conceito de *poder*, isto é, práticas de controle não institucionais, antes atuantes sobre formas de vida e cultura, como a indústria cultural, o "espetáculo", experiências de conformação de gênero e sexualidade etc. Assim, as lutas identitárias emergiram também como uma resposta à dominação do poder não institucional diversa do modelo centrado na primazia das classes sociais.

No Brasil, os efeitos de 1968 se fizeram sentir no contexto brutal da ditadura pós-AI-5. Por um lado, a liberdade de circulação de que ainda gozavam as ideias de uma esquerda aspirante à transformação geral das estruturas sociais (hegemônicas no período, segundo o conhecido estudo de Roberto Schwarz)[118] foi drasticamente restringida na medida em que os estudantes, formados por essas ideias, tornaram-se categoria política relevante e perigosa. A censura se estabeleceu, e o terrorismo de Estado foi plenamente instaurado. Os jovens guerrilheiros urbanos e rurais eram torturados e assassinados. Ao mesmo tempo, chegavam as notícias das experiências socialistas europeias (o totalitarismo stalinista e maoista, as perseguições do regime castrista, a invasão da Tchecoslováquia etc.), levando a uma desilusão que se traduzia em estreitamento das possibilidades ideológicas tradicionais tanto à esquerda quanto à direita. É nesse hiato de possibilidades, no espaço de resistência ainda aberto, que a contracultura emerge como crítica comportamental, denunciando os "mecanismos de poder presentes no cotidiano e na intimidade",[119] constituindo-se como "expressão fundamental de crítica à autoridade em seu sentido amplo: ao paradigma masculino, branco, ocidental, heterossexual".[120]

Surgiram, assim, manifestações artísticas de forte dimensão contracultural (tropicalismo e poesia marginal sendo as mais conhecidas), e se consolidaram e se expandiram os movimentos sociais identitários. O antropólogo Cauê Krüger lista, entre esses, grupos feministas surgidos nas décadas de 1970 e 1980, como o Centro Brasileiro da Mulher, Brasil Mulher, Nós Mulheres, Movimento Feminino pela Anistia e Coletivo Feminista. Na então questão homossexual (que mais tarde se tornaria LGBT, reunindo as diversas demandas inscritas nessa sigla), o autor cita como marcos fundamentais o Grupo Somos de Afirmação Homossexual, o jornal *Lampião da Esquina*, os grupos Triângulo Rosa e Atobá. No movimento negro, surgiram o Movimento Negro Unificado, capitaneado por Abdias do Nascimento, o Centro de Cultura e Arte Negra, o Grupo Palmares, o Instituto de Pesquisa das Culturas Negras, entre outras iniciativas.

O que todos esses movimentos têm em comum é uma luta *contra o poder e pelo reconhecimento*. O poder, como veremos, é uma espécie de força invisível e pervasiva que mina as condições justas de reconhecimento, diminuindo determinados grupos e indivíduos, rebaixando suas situações objetivas e subjetivas. Já o reconhecimento do outro é nada menos que a condição fundamental para o desenvolvimento do eu. Como observa Axel Honneth:

> [...] para chegar a uma autorrelação bem-sucedida, ele [o ser humano] depende do reconhecimento intersubjetivo de suas capacidades e de suas realizações; se uma tal forma de assentimento social não ocorre em alguma etapa de seu desenvolvimento, abre-se na personalidade como que uma lacuna psíquica, na qual entram as reações emocionais negativas, como a vergonha ou a ira.[121]

Na época moderna, a primeira formulação sistemática sobre o caráter intersubjetivo da experiência humana e o lugar fundamental que nela ocupam os processos e instâncias de reconhecimento foi dada por Hegel. Segundo a conhecida leitura de Kojève sobre a dialética entre o senhor e o escravo, a proposição primordial é que o desejo humano, antropogênico, difere do desejo do animal e, logo, se caracteriza por não se relacionar, por não ter como objetivo um "objeto real, positivo, dado",[122] e sim outro desejo. Segue daí a frase lapidar: desejar, na experiência humana, é "desejar o desejo do outro".[123] A frase é pertinente em seu duplo sentido. No primeiro, deseja-se o que o outro deseja, e porque ele deseja. O exemplo de Kojève é simples e claro quanto a essa natureza a um tempo abstrata e mediada do desejo humano: "Um objeto perfeitamente inútil do ponto de vista biológico (tal como uma decoração ou a bandeira do inimigo) pode ser desejado por ser o objeto de outros desejos".[124] Não se deseja sozinho. O desejo se dá em rede, necessariamente mediado pelo desejo do outro, e segundo lógicas de identificação e valor em jogo nessa rede desejante.

Mas é o segundo sentido o mais fundamental. Desejar é desejar capturar o desejo do outro, atraí-lo para si, isto é, tornar-se o objeto do desejo do outro; numa palavra, ser *reconhecido* pelo outro: "Desejar o desejo do outro é então, em última análise, desejar que o valor que eu sou, que eu 'represento', seja o valor desejado por esse outro: quero que ele 'reconheça' meu valor como o seu valor, quero que me 'reconheça' como um valor autônomo".[125]

Assim, o sentido último do processo desejante é o reconhecimento. Se eu desejo o objeto do desejo do outro é porque, de antemão, reconheci o outro. E, se reconheço o outro, desejo ser reconhecido por ele. Sem o reconhecimento do outro – dos outros – um ser humano não se sente plenamente realizado, em um sentido radical: não se sente *real*. Pois a realidade da experiência humana é intersubjetiva.

Em seu clássico *Invisible Man*, o escritor negro norte-americano Ralph Ellison descreve um episódio que tem início quando seu narrador esbarra com um homem na rua. Esbarrar, ou melhor, ser esbarrado pelos outros é uma constante na vida do narrador, um homem negro e pobre nos Estados Unidos dos anos 1940, anterior portanto à década dos *civil rights*. Um "homem invisível" é como ele se define. Nessa ocasião, ao esbarrar no desconhecido, é insultado por ele, um sujeito alto, louro e de olhos azuis. Imediatamente, o narrador pega-o pelo colarinho e exige que se desculpe. Mas o outro continua a xingá-lo. O narrador então lhe desfere cabeçadas, joga-o no chão, chuta-o repetidamente, mas ainda ouve insultos da boca já sangrenta do homem branco. Tomado pelo ódio, o homem negro, ainda invisível apesar de toda a violência, puxa uma faca e se prepara para cortar a garganta do outro. Mas de repente se dá conta do que acontecera. "Aquele homem não tinha me visto, realmente",[126] ele pensa. Tinha visto apenas projeções de suas próprias ideias a respeito de quem ele era. "Estava caído, gemendo no asfalto; um homem quase assassinado por um fantasma",[127] conclui o narrador.

Não é difícil compreender o que aconteceu nesse episódio. O homem negro não foi *reconhecido* pelo outro. Sistematicamente ignorado, o narrador com frequência duvida de sua própria existência. Esbarrado pelos outros, como se não existisse, passa a esbarrar de volta. Nesse dia, insultado, reage na mesma moeda agressiva. O sentido de sua violência inicialmente é claro: obrigar o outro a reconhecê-lo. Exigir que se retrate por não o ter reconhecido. Não o conseguindo, e ameaçado no cerne de seu ser pela invisibilidade a que o outro insiste em condená-lo, tem o ímpeto de assassiná-lo, para fazer cessar a fonte de onde emana sua angústia de inexistência, ou para vingar-se dele, não o reconhecendo também, não reconhecendo nem sequer seu direito à vida, condenando-o assim à invisibilidade suprema, a morte. A compreensão do sentido dessa relação – a capacidade de sair do movimento imaginário, passional do desrespeito causado pela invisibilização – impede que ele leve a cabo o homicídio. Como se sua inteligência tivesse ali lhe fornecido um reconhecimento de si mesmo, um autorreconhecimento, ao poder separar sua autoimagem da imagem opaca, preconceituosa, que lhe oferecia o outro.

Esse reconhecimento de si mesmo é o que os movimentos sociais identitários procuram proporcionar aos indivíduos de seu grupo por meio de redes identitárias de reconhecimento, que, estruturadas em organizações representativas, fortalecendo assim os indivíduos, lutam para melhorar as condições de reconhecimento social do grupo e, por meio dessa mudança de mentalidade, traduzi-la em conquistas de direitos, em âmbito propriamente jurídico, legal. É fundamental compreender, portanto, que a luta por reconhecimento abrange instâncias diversas.

Na esteira das ideias de Hegel e Herbert Mead, Axel Honneth identifica três instâncias sociais produtoras de reconhecimento: o amor, o direito e a solidariedade. O amor designa todas as relações primárias, na medida em que elas consistam em ligações emotivas fortes entre poucas pessoas: pais e filhos, relações eróticas entre duas ou mais pessoas, amizades, ou seja, relações de ordem privada. O direito é o âmbito formal, o reconhecimento firmado em lei, que tem como objeto a pessoa, compreendida em sua dimensão universal, indiferente. Por solidariedade, entendo que se refira ao reconhecimento, por parte de cada indivíduo da sociedade, do sujeito, isto é, do indivíduo compreendido em sua particularidade concreta, em sua *identidade*, em sua diferença. É esse o campo de luta primordial dos movimentos sociais identitários: o preconceito social, as ideologias originantes do poder masculino, branco, anglo-saxão, heterossexual, cisgênero, que se traduzem "naquelas experiências de rebaixamento que afetam seu autorrespeito moral"[128] e os tornam excluídos da posse de determinados direitos no interior de uma sociedade. Os movimentos sociais identitários se formam quando "experiências individuais de desrespeito são interpretadas como experiências cruciais típicas de um grupo inteiro",[129] que, assim organizados, engajam-se na "exigência coletiva por relações ampliadas de reconhecimento".[130]

As redes sociais digitais são, repito, um meio ótimo para a luta por reconhecimento. Em primeiro lugar, porque seu registro é em larga medida o imaginário, que é o lugar por definição das disputas por reconhecimento: é o narcisismo (a autoimagem e a imagem do outro) de todos que ali está colocado, formando uma vasta economia do reconhecimento, propícia portanto a essas disputas. Em segundo lugar, porque as redes sociais digitais operam segundo uma lógica algorítmica que tende a produzir relações entre indivíduos com afinidades múltiplas, logo menos expostos ao contraditório, e isso propicia a dinâmica de *bonding*, fundamental para o fortalecimento psicológico dos grupos (e, como já vimos, prejudicial ao avanço institucional de seus pleitos). Finalmente, deve-se observar que as redes digitais são colossais espaços públicos, instâncias capazes de alta concentração do olhar, isto é, de difundir uma imagem, uma ideia, para milhões de pessoas. Essa capacidade, elas têm em comum com o "espetáculo" (as grandes redes de televisão, por exemplo) – porém, diferentemente dele, operam segundo a lógica da autocomunicação. A luta é livre.

Livre para procurar identificar as formas de poder e combatê-las. É fundamental compreender a natureza do poder. O poder não se confunde com uma relação de violência física, que age diretamente sobre o corpo dos indivíduos. Tampouco se confunde com o âmbito jurídico, embora mantenha relações com ele, na medida em que as leis costumam traduzi-lo, materializá-lo. Como escreve Foucault, "aquilo que define uma relação de poder é um modo de ação que não age direta e imediatamente sobre os outros, mas que age sobre sua própria ação. Uma ação sobre a ação, sobre ações eventuais, ou atuais, futuras ou presentes".[131]

É fácil trocar isso em miúdos. O poder é, por exemplo, o que pressiona as mulheres a tornarem-se mães, como se disso dependesse o seu valor social ou o valor de sua experiência existencial, e, uma vez mães, arcarem com o tempo dedicado à criação dos filhos, reforçando a associação entre gênero e espaço doméstico. O poder é, por exemplo, o que torna um homem negro em espaços tradicionalmente reservados às elites brancas sempre suspeito de estar se apossando indevidamente desse espaço (um automóvel caro, um clube privado), pressionando-o a restringir sua circulação no espaço público. O poder é, ainda, o que torna as travestis espécies de párias sociais, uma vez que o sexo, anatomicamente considerado, é tido como o marcador fundamental, essencial, de reconhecimento, e esse marcador opera de forma binária, sem reconhecer ambivalências, deportando-as assim para o limbo social da prostituição (como se essas pessoas tivessem se condenado à experiência exclusiva da sexualidade, num looping de punição eterna, por terem profanado o binarismo "natural" do sexo); e assim sucessivamente, numa lista com facilidade expandida ao infinito.

Essa natureza difusa e invisível do poder é o que permite a ele, isto é, aos interessados em suas consequências, defender no espaço público que ele não existe, que as denúncias de seu funcionamento são paranoicas, que "não somos racistas", que "o mundo está chato", que tudo não passa de uma invenção ideológica da esquerda (o "politicamente correto") com o objetivo único de restringir as liberdades, sem qualquer efeito prático de transformação. Isso é possível porque a natureza do poder é tal que, diferentemente da violência explícita, se articula sobre um elemento que lhe é indispensável. Como aprofunda Foucault, numa relação de poder é necessário "que o outro seja inteiramente reconhecido e mantido até o fim como o sujeito de ação".[132] Ou seja, o outro, subjugado pelo poder, permanece aparentemente livre e ativo. É, entretanto, sobre o campo do possível dessa liberdade que o poder se exerce, restringindo-o e rebaixando-o. O poder, para repetir a fórmula exata de Foucault, "é uma ação sobre ações".

O poder tem uma espécie de natureza negativa. Ele não age diretamente, e sim indiretamente:

> Ele é um conjunto de ações sobre ações possíveis. Ele opera sobre o campo de possibilidades onde se inscreve o comportamento dos sujeitos ativos; ele incita, induz, desvia, facilita ou torna mais difícil, amplia ou limita, torna mais ou menos provável; no limite, ele coage ou impede absolutamente, mas é sempre uma maneira de agir sobre um ou vários sujeitos ativos, e o quanto eles agem ou são suscetíveis de agir. Uma ação sobre ações.[133]

Até aqui, nessa última parte, vim construindo uma argumentação no sentido de definir o campo das lutas identitárias, sua relevância e legitimidade: a natureza intersubjetiva da experiência humana e, nela, o papel fundamental desempenhado pelo reconhecimento (sem o qual o indivíduo não chega a uma certeza objetiva de si), bem como o combate contra o poder, enquanto forma específica de dominação. Nascidas no contexto de uma crise do conflito de classe como perspectiva central das disputas políticas, e frutos de uma tomada de consciência de uma forma de opressão irredutível à ordem econômica, as lutas identitárias são, como observa ainda Foucault, imediatas. Elas criticam "as instâncias de poder que são mais próximas, aquelas que exercem sua ação sobre os indivíduos".[134] Elas não se voltam, assim, contra o "inimigo-mor", mas contra o "inimigo imediato".[135] Não esperam, portanto, "encontrar uma solução para seus problemas no futuro (isto é, liberações, revoluções, fim da luta de classes)".[136]

Esse é o ponto que, instaurando uma diferença no interior das esquerdas, abre uma crítica frequente à perspectiva das lutas identitárias. Vladimir Safatle, em *A esquerda que não teme dizer seu nome*, coloca-se de modo veemente contra tais lutas: "[...] a esquerda deve ser indiferente às diferenças. De certa forma, a política atual da esquerda só pode ser uma política da indiferença".[137] Isso porque, ele afirma, "[...] a luta contra a desigualdade social e econômica é a principal luta política. Ela submete todas as demais".[138] Ao contrário, o que fazem os movimentos sociais identitários é "transformar o problema da tolerância à diversidade cultural, ou seja, o problema do reconhecimento de identidades culturais, no problema político fundamental".[139] Promove-se, desse modo, uma "secundarização de questões marxistas tradicionais vinculadas à centralidade dos processos de redistribuição e de conflito de classe na determinação da ação política".[140]

Em um ensaio posterior, "Por um conceito 'antipredicativo' de reconhecimento", Safatle assume uma posição mais complexa, que esclarece os argumentos expostos acima. O horizonte da questão é menos a pertinência do conceito de reconhecimento – e, logo, das lutas identitárias – do que a *centralidade* que ele assumiu no campo político nas últimas duas décadas. Esse protagonismo traz alguns problemas.

Em primeiro lugar, é preciso observar que se uma de suas condições de possibilidade terá sido uma relativa integração do proletariado à classe média, essa integração foi se desfazendo à medida que, a partir dos anos 1980, os países anglo-saxões e europeus ocidentais foram tendo progressivamente desmanteladas as políticas públicas que sustentavam seus Estados de bem-estar social. No Brasil, tal integração nem mesmo chegou a acontecer (apenas um frágil ensaio desse processo se deu na era Lula). Daí os críticos da centralidade do conceito de reconhecimento o tacharem de *compensatório*. Pois, conforme analisa Safatle, "tudo se passaria como se, dada a impossibilidade de implementar políticas efetivas de redistribuição e luta radical contra a desigualdade, nos restasse apenas discutir políticas compensatórias de reconhecimento".[141]

Pode-se apontar ainda certo descompasso cultural no fato de que as lutas identitárias têm no conceito de multiculturalismo uma de suas origens. A realidade social do Brasil é diferente daquela dos países onde essa noção surgiu. Se, por um lado, existe aqui também uma hegemonia branca de matriz europeia, por outro lado há no Brasil um nível de mistura muito maior, que não permite a assimilação plena do conceito de multiculturalismo e suas consequências. Esse ponto, entretanto, me parece impertinente, uma vez que, embora diferentes – no sentido de menos agudas –, as assimetrias culturais também se apresentam com gravidade na realidade brasileira.

O ponto fundamental diz respeito à relação entre a dimensão das desigualdades econômicas e a dimensão das desigualdades de reconhecimento. Tal relação é de irredutibilidade e complementaridade. Como observa Safatle: "Não é seguro que o combate à injustiça econômica elimine, por si só, a injustiça cultural. A resiliência de processos de exclusão e preconceito relativos às diferenças culturais, mesmo em sociedades de forte tradição igualitária, pode nos servir de prova aqui".[142]

Deve-se portanto problematizar a hipótese de que a desigualdade econômica é a fonte exclusiva dos preconceitos sociais e consequentes assimetrias de reconhecimento, e que, abolida aquela, desapareceriam também esses. Sem dúvida os fenômenos estão relacionados. Pode-se evocar a propósito, por exemplo, o caso do racismo brasileiro, possivelmente mais efeito da naturalização da experiência da subalternidade dos negros, em consequência dos séculos de escravidão, do que da assimilação das ideologias racistas europeias. Mas essas ideologias se infiltraram na sociedade e têm uma vigência irredutível às condições econômicas. É oportuno lembrar que as experiências efetivas do socialismo desmentiram uma relação causal exclusiva entre desigualdades de classe e de reconhecimento identitário de grupos atingidos por preconceitos. Basta citar as perseguições a homossexuais pelos regimes stalinista e castrista, ou, por exemplo, identificar a quase inexistência de mulheres entre as lideranças dos partidos comunistas.

Pode-se afirmar, portanto, que a igualdade econômica é uma condição necessária, mas não suficiente para eliminar os preconceitos e, com eles, as assimetrias de reconhecimento. Na formulação simples e precisa de Nancy Fraser: "a justiça implica, ao mesmo tempo, a redistribuição *e* o reconhecimento".[143] Permanece, todavia, imperiosa a necessidade de se perceber que as desigualdades econômicas são uma das causas fundamentais das desigualdades de reconhecimento. Combater aquelas implica desestabilizar profundamente essas. Daí a pertinência da crítica ao protagonismo do reconhecimento na luta política contemporânea, quando o melhor meio para atingir os seus objetivos seria a promoção de uma radical igualdade socioeconômica:

Identidades, sejam políticas ou psicológicas, sempre são construídas no interior de relações assimétricas de poder, e, por isso, são expressões de estratégias de defesa ou de dominação. A sensibilidade a tal antagonismo só poderia ser minorada pela consolidação de um espaço fortemente igualitário para além das diferenças culturais, e não por uma politização extrema do campo da cultura.[144]

"Politização extrema do campo da cultura" é o que estamos testemunhando no Brasil. Esse "extrema" pode ser entendido tanto no sentido da intensidade da atuação como de algumas de suas ideias de fundo e, consequentemente, alguns de seus métodos de ação.

Essas ideias e métodos estão vinculados a outro problema das lutas identitárias. Tal problema pode ser formulado, como o fez Carla Rodrigues, como "o paradoxo de se exigir a fixação de sujeitos em paradigmas identitários a fim de libertá-los".[145] Pois essa fixação pode prejudicar o objetivo final que deveria ser a superação das diferenças e o estabelecimento da igualdade. Carla Rodrigues lembra uma pesquisa feita pelo sociólogo Antônio Flávio Pierucci cujo resultado mostrou que o campo conservador é "devoto da diferença".[146] Ou seja, brancos recusam igualdades com negros em nome da suposta diferença daqueles; homens recusam igualdade com mulheres em nome da suposta diferença daquelas, e assim por diante; a lógica identitária servindo, aqui, para a legitimação do mais tradicional discurso dos preconceitos. Assim, a defesa da identidade corre o risco de realimentar a desigualdade, pois "a rejeição da diferença vem depois da afirmação enfática da diferença".[147]

Esse é um risco, todavia, necessário. O objetivo, em geral, das lutas identitárias é *atravessar* a segregação para reencontrar, em outro patamar, a universalidade.[148] É preciso lembrar que, no contexto em que estamos lidando com a palavra, a identidade é antes de tudo socialmente imposta a um indivíduo ou grupo. Como escreve Foucault, "o sujeito é dividido em seu interior e em relação aos outros. Este processo o objetiva".[149] A identidade minoritária é, na origem, imposta de fora. Para os movimentos sociais identitários, faz-se necessário então *assumi-la radicalmente para poder se livrar dela*, isto é, para reencontrar a experiência social do universal. Assim, por um lado, "afirmam o direito de ser diferente"; mas, prossegue Foucault, "por outro lado, atacam tudo aquilo que separa o indivíduo, que quebra sua relação com os outros, fragmenta a vida comunitária, força o indivíduo a se voltar para si mesmo e o liga à sua própria identidade de modo coercitivo".[150]

Não se trata, portanto, de uma contradição em termos: afirmar a diferença para produzir igualdade. E sim do entendimento de que a produção da igualdade radical *só é possível* por meio do atravessamento da identidade. Como observa a historiadora Joan Scott, "é falsa a disjuntiva entre igualdade e diferença", pois "o oposto da igualdade é a desigualdade – que leva à discriminação – e por isso não seria preciso escolher entre isso *ou* aquilo, mas pensar que não se deve nem abandonar o direito à diferença, nem o direito à igualdade".[151]

Como isso se traduziria em termos práticos? Carla Rodrigues cita como exemplo a Lei Maria da Penha. Partindo da lógica do atravessamento identitário como via para a produção de igualdade universal, o reconhecimento do problema da violência doméstica contra a mulher poderia se estender ao reconhecimento da violência de homens contra crianças, de mulheres contra crianças, e daí à punição a *qualquer* crime doméstico, num processo em que por meio do "respeito a todas as diferenças, se chegará então à indiferença em relação à identidade".[152] Outro exemplo evocado: as leis que regulam a possibilidade de casamento. Também aqui uma luta identitária originante, o direito à união civil entre homossexuais, poderia ter seu princípio estendido a pessoas trans, a alianças diferentes do tradicional par (não há razão para o Estado impor essa lógica do dois), e assim, do mesmo modo, se chegaria ao direito a qualquer tipo de união consensual.

Antonio Risério, em seu *A utopia brasileira e os movimentos negros*, coloca-se frontalmente contra as lutas identitárias. Para ele, a lógica do racialismo pode levar a dois caminhos. Um deles – seria a perspectiva dos "mais deliriosos" – levaria à "consolidação de um Brasil multiétnico e multicultural".[153] Isto é, levaria a uma estagnação no estágio da afirmação das identidades. Esse resultado, mesmo que produza efeitos de igualdade, gera e consolida enorme tensão social, uma vez que regula as relações pelo que os sujeitos têm de irredutivelmente diferente, e não de potencialmente igual. O outro caminho, segundo Risério, seria aquele entrevisto pelos "menos deliriosos", para os quais "viria então, a longo prazo, quiçá uma reagregação, em outro patamar, do povo brasileiro".[154] Essa possibilidade – que no meu entender nada tem de deliriosa – é a do atravessamento da identidade como via para a produção da igualdade universal.

O.J. Simpson, o grande atleta de futebol americano acusado de assassinar a ex-esposa e um amigo dela, não se reconhecia como negro. Atleta excepcional, desde a adolescência ganhou bolsas de estudo em universidades de elite, formando-se no meio de pessoas brancas e sendo reconhecido por elas, graças a suas habilidades esportivas extraordinárias. O.J. esquivou-se de apoiar momentos marcantes da luta racial nos Estados Unidos; como o gesto radical de objeção de consciência de Muhammad Ali, recusando-se a combater no Vietnã (*"No vietnamese ever called me nigger"*), e o icônico gesto dos atletas Tommy Smith e John Carlos, em pleno pódio da Olimpíada de 1968, erguendo os punhos fechados como faziam os

Panteras Negras. Sua fórmula anti-identitária era "*I'm not black, I'm O.J.*". E, entretanto, acabou se tornando, por isso mesmo, um dos indivíduos do século XX que mais profunda e tragicamente encarnou as questões raciais da sociedade estadunidense em sua trajetória. Provavelmente cometeu um crime em que se pode perceber um conflito imaginário racial (sua ex-esposa, Nicole Brown, era branca, loura, bela – e acabou quase decapitada num dos acessos de ciúme que O.J. tinha por ela). Seu julgamento foi absolutamente racializado, e por isso foi absolvido, contra todas as evidências. Anos mais tarde, ao cometer outro crime, esse de baixa gravidade, teve mais um julgamento absolutamente racializado – só que em sentido inverso – e acabou condenado a 33 anos de prisão. Ele era O.J., mas *antes disso* era negro.

O outro destino individual emblemático da questão racial nos Estados Unidos do século XX é, claro, o de Michael Jackson. Em sua mutação física infinita, revelava-se um sujeito fugindo da cor negra como quem procura fugir da própria sombra. Essa tentativa de apagamento tinha, entretanto, o efeito contrário de iluminar, com toda a força, a intensidade do racismo da sociedade estadunidense. Certamente em algum nível as tentativas de encarcerar Michael Jackson traduziam um desejo de recalcar aquele insuportável corpo mutante, a gritar para o mundo uma verdade incômoda. Esse corpo frustrava, em ato, o desejo proclamado na canção "Black or White": "*I'm not gonna spend my life being a color*".

Por outro lado, e para terminar essa coda, o homem negro a alçar o mais alto posto institucional de todo o mundo, Barack Obama, o fez assumindo uma perspectiva não racialista. Obama admite que "o reconhecimento tem uma força psíquica que não pode se satisfazer com um programa universal de ajuda", uma vez que programas desse tipo "não respondem à mágoa, à sensação de injustiça e à insegurança produzida pela desvantagem em que ainda vivem os afro-americanos".[155] Mas sua estratégia eleitoral e sua atuação política foram no sentido da universalização das políticas públicas, configurando assim uma atuação institucional não identitária, não racialista. Por meio de programas como a expansão de subsídios aos universitários e a exigência de funcionamento republicano das instituições ("que o Departamento de Justiça e os tribunais garantam que o currículo de Jamal seja recebido pelos empregadores da mesma forma que o de Johnny"),[156] Obama acreditava que o caminho para a igualdade estaria bem pavimentado:

> Não teríamos mais um enorme contingente de jovens afro-americanos nas cadeias. Teríamos a formação de mais famílias à medida que as jovens com diploma universitário conhecessem rapazes com formação equivalente, o que por sua vez iria garantir que a próxima geração de crianças cresceria em condições muito melhores. E de repente temos toda uma geração apta a canalizar a incrível criatividade que podemos ver na música, nos esportes e, até para ser sincero, nas ruas, em empreendimentos de todo tipo.[157]

3.
Marchinhas, óleos e turbantes

Enquanto leitor, já me deparei com livros curiosos, dos quais concordo em geral com as premissas, mas não com as conclusões. A aparente contradição lógica se explica pelo seguinte: trata-se de um efeito de proporções. Se se aborda um problema enfatizando muito um aspecto em detrimento de outro, de sentido contrário porém igualmente verdadeiro, as premissas serão corretas, mas o corolário não – porque esse precisaria resultar também do outro lado do problema, que entretanto fora esvaziado.

Não desejaria, para este livro, tal destino. Como está claro a essa altura, escrevo da posição teórica e política de reconhecimento das lutas identitárias. Entretanto meu objetivo mais preciso é chamar a atenção para determinadas práticas que vêm ocorrendo mais e mais frequentemente, e que considero inaceitáveis.

Essas práticas não representam a totalidade das posições identitárias; há, por exemplo, diversos feminismos, entre os quais aqueles cuja luta eu admiro e apoio. Mas minha ênfase nessa terceira parte recai sobre premissas problemáticas e métodos de luta que, segundo pretendo mostrar, devem ser recusados. Este livro é contra *isso – mas, não se pode perder de vista, é sobre bem mais do que isso.*

Nas páginas que seguem, procurei transcrever exclusivamente posts e comentários tornados e mantidos públicos por seus autores até o momento em que escrevo. Comentários aparecerão sob anonimato sobretudo por razões de comodidade de leitura. É parte constitutiva do exame de alguns dos casos a seguir trabalhar a partir de informações privadas tornadas públicas à revelia dos denunciados envolvidos. O fato de elas terem se tornado irreversivelmente públicas me faz crer que o maior benefício social está em submetê-las ao debate mais esclarecedor possível.

O caso das marchinhas

O Carnaval de 2017 foi marcado por uma polêmica: alguns blocos do Rio de Janeiro e de São Paulo decidiram não tocar, em seus percursos, marchinhas clássicas do cancioneiro brasileiro sob a alegação de que suas letras contêm trechos preconceituosos contra diversas minorias. Assim, as músicas "O teu cabelo não nega", de Lamartine Babo ("Mas como a cor não pega, mulata/ Mulata eu quero o seu amor"); "Olha a cabeleira do Zezé" ("Olha a cabeleira do Zezé/ Será que ele é/ Será que ele é"); "Mulata bossa nova" ("Mulata bossa nova/ Caiu no Hully Gully/ E só dá ela") e "Maria Sapatão" ("Maria sapatão, sapatão, sapatão/ De dia é Maria/ De noite é João"), de João Roberto Kelly; "Índio quer apito" ("Êêêêê/ Índio quer apito/ Se não der, pau vai comer"), de Haroldo Lobo e Milton Oliveira; o samba "Ai, que saudades da Amélia" ("Amélia não tinha a menor vaidade/ Amélia é que era mulher de verdade"), de Mário Lago e Ataulfo Alves; e até a neomarchinha "Tropicália", de Caetano Veloso, com sua exaltação à mulata ("Viva a mulata--ta-ta-ta-ta") foram banidas do repertório de alguns blocos, dando início a uma controvérsia, muitos disseram, pouco carnavalesca.

Nas semanas que antecederam os dias centrais da folia, a polêmica foi lançada por notas de jornal, espalhou-se por conversas nas ruas, gerou diversas matérias da imprensa e, claro, inúmeros posts nas redes sociais. Integrantes dos blocos que afastaram as marchinhas de seu repertório vieram a público explicitar suas razões; integrantes de outros blocos e diretores de associações momescas expuseram os motivos de sua discordância e manutenção das marchinhas acusadas de preconceito; um jornalista chegou a dizer que esses foliões problematizadores deveriam usar no Carnaval não a camisa listrada do personagem do samba de Assis Valente, mas uma "camisa de força";[158] veículos de imprensa repercutiram a polêmica com astros da música brasileira, todos consensualmente contrários à percepção dos foliões questionadores.

O Carnaval chegou e tudo se dissolveu em samba, suor e cerveja. Mas a ressaca do quiproquó não foi curada. A polêmica das marchinhas se origina do mesmo núcleo teórico de um conjunto de problemas que envolvem a relação entre linguagem, naturalização e reprodução de preconceitos e humilhação de minorias. Esses problemas, embora estejam vindo à tona de forma sistemática e intensa no Brasil atual, já têm uma história. Essa história remonta às *cultural wars* nos Estados Unidos dos anos 1980/1990. É para lá que temos que ir a fim de propiciar o pano de fundo teórico capaz de nos ajudar a compreender melhor a *Carnival war* brasileira.

Um dos grandes acontecimentos do pensamento ocidental no século XX foi a tomada de consciência aguda em relação à natureza da linguagem. Diversas áreas do saber – da teoria da literatura à psicanálise lacaniana – tornaram insustentável tanto a imagem da linguagem como um instrumento neutro, apto a descrever objetivamente a realidade, quanto a imagem do sujeito da enunciação (qualquer falante) como alguém destituído de determinações sociais, apto portanto a formar juízos neutros, puramente racionais. Ao contrário, foi se formando a noção de que a linguagem é produtora da realidade, produtora das subjetividades, veículo de transmissão de valores – e, como tal, campo por excelência de disputas políticas. Afirmar, por exemplo, como o fez Lacan, que não é exatamente "o sujeito que fala a linguagem", mas antes "a linguagem que fala o sujeito", significa dizer que este sofre uma espécie de alienação ao entrar na ordem da linguagem, isto é, que ele passa a reproduzir estruturas fundamentais de visão do mundo e um conjunto de valores formados por processos sociais complexos e muito anteriores ao seu nascimento. Esses valores estão entranhados na língua do falante e contêm, em suas palavras e nos usos dessas, diversas perspectivas sobre a economia social: hierarquias e preconceitos de gênero, de raça, de etnias, de classe etc. A entrada do sujeito na ordem da linguagem é a sua entrada na ordem de uma determinada estrutura social. Logo, a manutenção dos termos da linguagem contribui para a manutenção do statu quo social. Ao contrário, a desnaturalização da linguagem, ou seja, a consciência de que as palavras que usamos, dos modos como as usamos, não caíram do céu, e sim foram resultados de processos sociais – leia-se: políticos –, abre caminho para uma transformação da linguagem e, consequentemente, dos valores, normas e preconceitos que orientam as formações sociais efetivas, reais, sejam institucionais, públicas ou privadas.

Essa perspectiva teórica terá sido decisiva para que grupos minoritários passassem a questionar um conjunto de práticas simbólicas naturalizadas e supostamente neutras, mas na verdade resultantes de processos políticos e mantenedoras das consequências socialmente assimétricas desses processos. Nos Estados Unidos dos anos 1980/1990, na esteira das formulações produzidas pelos *cultural studies*, o chamado "cânone ocidental" foi deslocado de seu pedestal meritocrático e apresentado como um sistema de valores de um determinado grupo social historicamente triunfante, sistema que não contemplava os valores e processos históricos de outros grupos minoritários, que assim pleiteavam a inclusão de suas perspectivas próprias no sistema de representação. A mesma suspeita sobre os vícios de origem e as segundas intenções políticas (disfarçadas sob o manto da tradição e da naturalização) do sistema de representação fez surgirem outras práticas contestatórias, como a identificação de "discursos de ódio" (*hate speech*), isto é, discursos carregados de preconceitos contra minorias, e a tentativa de barrá-los de instituições de produção de conhecimento, notadamente universidades. O conjunto dessas e de outras práticas de guerrilha simbólica encontrou uma reação nos meios conservadores dos Estados Unidos, que as batizaram de "politicamente corretas". Foi aí que surgiu essa expressão de vida longa – e mirada teórica curta.

O *label* "politicamente correto" é uma falácia teórica e uma astúcia política. Como argumentou Stanley Fish em seu *There's no such thing as free speech, and it's a good thing too*, a expressão sugere "a introdução da política numa área (frequentemente chamada a vida do espírito) a que ela não pertence".[159] Desse modo, a um tempo se deixa subentendido que "a vida do espírito" era antes regulada por critérios neutros, justos, meritocráticos, em suma, não políticos, e *acusam-se* grupos de participar da vida do espírito politicamente. Não há nada de neutro, entretanto, na "vida do espírito", ou seja, no sistema de representação. O fato de que um programa de filosofia, por exemplo, seja quase exclusivamente formado por autores homens, brancos e ocidentais reflete processos sociais de poder abrangendo dimensões de gênero, raça, etnia e geopolítica. Mulheres eram confinadas ao espaço doméstico, negros foram escravizados durante séculos, o colonialismo impunha dominações institucionais (mais tarde transformadas em *soft power*) – em suma, as condições de acesso e oportunidade, bem como a resultante de universos culturais dominantes e depreciados são tudo, menos "meritocráticas" ou "justas", se considerarmos esses termos sob uma perspectiva neutra, absoluta, que justamente não existe. "Politicamente correto", assim, é a expressão que, numa face da moeda, sugere a existência de uma instância neutra, natural, justa, meritocrática (e por acaso defendida em larga maioria por homens, pessoas brancas e de classes médias e altas); e, na outra face, acusa a disputa política de ser... política, como se isso não fosse legítimo, e como se houvesse outra possibilidade para a vida social em sociedades multiestratificadas. Como resume Stanley Fish: "Debates entre lados opostos nunca podem ser caracterizados como debates entre o politicamente correto e alguma outra coisa, mas entre versões concorrentes do politicamente correto".[160] Em outras palavras: "O que temos aqui não é, como foi anunciado, uma brava resistência à política pelos representantes de uma racionalidade apolítica, mas antes uma disputa entre duas formas de política".[161]

Pode-se e deve-se criticar muitas das práticas dos movimentos sociais identitários, mas é preciso antes de tudo ter claro que os enunciados que abraçam a expressão "politicamente correto" remontam a essa desqualificação falaciosa da legitimidade política e da pertinência crítica das disputas ativadas por esses movimentos. Veja-se por exemplo o problema dos discursos de ódio. Em ambientes de produção e transmissão de conhecimentos, grupos identitários começaram a denunciar falas carregadas de preconceitos contra minorias e pedir que as instituições não permitissem a apresentação dessas falas (essa estratégia seria chamada, mais tarde, de *"no platform"*, ou seja, não dar exposição a discursos preconceituosos). Isso produziu uma reação conservadora orientada por argumentos muitas vezes equivocados. O jornalista inglês Mick Hume, autor de *Direito a ofender: a liberdade de expressão e o politicamente correto*, afirma que "nas sociedades ocidentais, normalmente só as opiniões que rompem com os consensos e que são rotuladas de ofensivas ou intragáveis é que precisam de ser defendidas com base na liberdade de expressão".[162] Ora, isso pode ter sido válido para a realidade histórica de alguns séculos atrás, quando da transição de um mundo tradicional para um mundo moderno. Nesse contexto, de fato, a introdução de princípios modernos fundamentais, como o colapso do antropocentrismo, o estado laico, a igualdade de direitos políticos ou o abolicionismo, precisava ser defendida das tentativas de encarceramento (simbólico ou real) pelas grandes instituições de poder. No contexto dos movimentos sociais identitários, entretanto, concordemos ou não com a estratégia, o que se pretende silenciar não são "as opiniões que rompem com os consensos"; ao contrário, são aquelas que reproduzem consensos preconceituosos, logo tradicionais, antimodernos.

Mick Hume relembra o episódio envolvendo o compositor Elton John, que encabeçou um boicote internacional de celebridades à Dolce & Gabbana pelo fato de os dois estilistas italianos, ambos católicos e homossexuais, terem dito a um entrevistador que consideravam que a adoção homossexual de bebês "sintéticos" era contranatural. "A etiqueta #BoycottDolceGabbana varreu as redes sociais. Muitos milhares de pessoas apoiaram Elton John, que exigia que se acabasse com o negócio dos estilistas", comenta Hume, "não por estes explorarem os trabalhadores, por venderem roupa a preços exorbitantes ou outra coisa qualquer, mas simplesmente por expressarem uma opinião fora de moda."[163] Ora, eis um eufemismo bastante falsificador. Na verdade, o que se tem aí é o conflito entre dois princípios modernos, garantidores de liberdades individuais. De um lado, o princípio moderno da liberdade de expressão (*freedom of speech*, tal como protegido pela primeira emenda da Constituição dos Estados Unidos); de outro, o princípio igualmente moderno de garantir a multiplicidade incondicional das práticas individuais, desde que não firam os direitos dos outros. Os estilistas italianos, embora eles mesmos homossexuais, assumiram uma postura pública preconceituosa, tradicionalista, ao afirmarem a exclusividade do modelo de família nuclear heterossexual burguesa, perfeitamente histórico, logo, arbitrário. Essa postura vai contra os direitos de homossexuais.

Todo debate acerca do que fazer em relação a discursos preconceituosos deveria começar pelo reconhecimento de sua natureza cerceadora, anti-igualitária e ameaçadora de liberdades – para depois ter de enfrentar a questão sobre se essa ameaça é mais ou menos grave do que a ameaça à liberdade de expressão introduzida pelas políticas *no platform*.

Esse reconhecimento, contudo, é precisamente o que não costuma haver da parte dos que empregam a expressão pejorativa "politicamente correto". Como fica evidente pela comparação equivocada de Mick Hume:

> Esses supostos liberais que tentam, hoje em dia e dos dois lados do Atlântico, banir das universidades as ideias políticas e religiosas que consideram ofensivas talvez fizessem bem em saber na companhia de quem é que entrarão para a História. Há 200 anos, os *fellows* e os alunos da Universidade de Oxford também entraram em ação para banir opiniões que não desejavam ouvir nem desejavam que outros ouvissem, angariando e queimando todos os exemplares que conseguiram encontrar de um folheto que, segundo um testemunho, causara uma "ofensa máxima". Entretanto, a direção da universidade expulsou de Oxford o autor do folheto. Este tinha 19 anos e chamava-se Percy Bysshe Shelley. O "pequeno prospecto" que provocou tão altivo ultraje nos pináculos de Oxford em 1811 intitulava-se *A necessidade do ateísmo*.[164]

Esse argumento incorre em uma espécie de *falsa simetria*. Como vimos, no contexto de transição para a modernidade de que participou Shelley, o grande poeta romântico inglês, as forças no poder procuravam silenciar manifestações modernizantes, isto é, instauradoras de liberdades individuais e processos igualitários. O *ancien régime* é por definição tradicionalista, hierárquico e dogmático. É esse o pano de fundo de sua expulsão de

Oxford por conta da defesa do ateísmo. Já no contexto dos movimentos sociais identitários, o que se procura silenciar são, ao contrário, manifestações antimodernas, tradicionalistas, que procuram manter ou restaurar ideias e práticas cerceadoras de liberdades individuais, produtoras de desequilíbrios sociais e rebaixadoras de diversas minorias. Os sentidos das manifestações e de suas interdições são simplesmente opostos.

Stanley Fish descreveu bem o procedimento dessas falsas simetrias. Trata-se de submeter pessoas e temas a um processo de abstração que as retira do curso da história, de modo que problemas reais, históricos, possam ser reduzidos a um mero esquema formal, no qual "qualquer política que leve em consideração a raça é equivalente a qualquer outra política que leve em consideração a raça",[165] tornando equivalentes, assim, nazistas, apoiadores da Ku Klux Klan e movimentos sociais identitários. Ocorre que "discriminação não é um problema da lógica", prossegue Fish, "mas um problema dos fatos históricos, e é um fato sobre a discriminação que ela é geralmente praticada pelos poderosos às expensas dos relativamente fracos".[166] De novo, o nazismo e a KKK eram movimentos tradicionalistas, preconceituosos (para não falar das violências físicas e eliminações reais de pessoas), enquanto os movimentos identitários procuram justamente *impedir* que essa perspectiva se propague, com isso contribuindo, paradoxalmente, para um ambiente social mais *desimpedido*. Nazistas (como monoteístas fundamentalistas em geral) têm uma pretensão efetiva de universalidade, isto é, de exclusão de quaisquer outros particulares diferentes, e por isso são e devem ser criticados. Minorias apenas afirmam o direito à sua diferença particular, isto é, a inexistência de qualquer universal, e por isso escarnecer delas implica o não reconhecimento a esse direito. Num caso, portanto, o que se deseja é eliminar qualquer pretensão de universalidade de um particular específico (que não se percebe como tal); no outro, eliminar qualquer particular específico, na medida em que seu direito à igualdade implica a eliminação de qualquer pretensa universalidade.

Isso posto, retorna o problema do conflito entre dois princípios igualmente garantidores de liberdade: liberdade de expressão e direito a reconhecimento social e modos de vida não tradicionais. Em casos de conflitos entre princípios afirmativos deve prevalecer o mais fundamental. Esse me parece ser a liberdade de expressão irrestrita. Mas não é um problema tão fácil. Os conservadores tendem a erigir o princípio de liberdade de expressão como fundamental, limitando-o apenas quando cruza as fronteiras da agressão física (incitação à violência, apologia do crime etc.). Essa posição é aparentemente categórica, e logo formalmente igualitária, mas, no mundo real das disputas políticas, acaba por contribuir para a manutenção do statu quo, isto é, da desigualdade.[167]

No campo de luta da língua, outras estratégias têm se destacado. Uma das mais frequentes, e também controversa, é aquela que propõe corrigir determinadas normas gramaticais e mesmo palavras supostamente carregadas de preconceitos. Quanto a estas últimas, militantes de minorias têm evitado empregar, por exemplo, o verbo "denegrir", pois promoveria uma associação entre os negros e uma ação depreciativa. Ou, ao contrário, o verbo "esclarecer", por associar um valor positivo à cor branca. O caso mais recorrente é o do plural do chamado gênero complexo. No português, a norma determina fazer a concordância no masculino plural quando nos referimos a um conjunto de indivíduos de ambos os sexos. Assim, um "bom dia a *todos*" engloba homens e mulheres. Essa norma é, entretanto, percebida como reprodutora de uma perspectiva machista, uma vez que, diante dos dois gêneros, privilegia o masculino. Procurando neutralizar ou mesmo inverter essa perspectiva, muitos militantes de minorias e pessoas sensíveis à questão têm adotado outras formas linguísticas. Por exemplo, dar um "bom dia a todas e todos". Ou dirigir-se a "amig@s", "amigues", ou ainda "amigxs". Formas, em suma, de recusar o plural masculino para o gênero complexo.

A prática é controversa sob vários aspectos. Há linguistas que contestam o suposto caráter ideológico dessas construções. Para Aldo Bizzocchi, por exemplo, a concordância no masculino plural para o gênero complexo é consequência de uma mera evolução fonética. Em latim, havia três gêneros – masculino, feminino e neutro – cujas terminações eram, respectivamente, -us, -a e -um. O gênero complexo era designado pela forma neutra, -um. Terá sido por força da evolução fonética (isto é, por razões meramente de maior conforto na pronúncia) que "as consoantes finais do latim se perderam", e "as terminações do masculino e do neutro se fundiram, resultando nas desinências portuguesas -o e -a".[168] Desse modo, o gênero masculino acabou absorvendo o gênero complexo; se entendo bem, porque a terminação -um é mais próxima da terminação -o (que na oralidade desliza para o som de u) do que da terminação -a. Seja como for, a meu ver o argumento etimológico não invalida o argumento contemporâneo: no frigir dos ovos, é o masculino que sempre subsume o feminino no plural de gênero complexo. Considero, por isso, legítimas as propostas de subverter esse estado de coisas. O que não me impede de enxergar os problemas e mesmo os evidentes equívocos. "Esclarecer", por exemplo, não significa "tornar branco", e sim tornar claro, isto é, iluminar – trata-se portanto de uma questão de ótica, e não de raça. Substituir "esclarecer" por "negritar", como já vi fazerem, é além do mais um erro semântico. Não são sinônimos. Outro problema é a transposição da escrita para a oralidade na proposta de adotar o *x* para plural de gênero complexo: "carxs amigxs", "todxs", e por aí vai. O *x* é correto, mas impronunciável. Como se pode notar, não é um tema tão simples. Mas devo declarar que discordo dos que se declaram contrários a essa estratégia porque ela não opera "no mundo real, onde estão os verdadeiros problemas". Ora, em primeiro lugar, uma coisa não exclui a outra. Não são ações reciprocamente excludentes. Depois, essa separação nítida entre linguagem e "mundo real" é mais ingênua do que quaisquer dessas práticas tachadas, precisamente, de ingênuas por seus críticos mais contundentes.

Antes de retomarmos o problema das marchinhas, é ainda oportuno apontar para um desdobramento mais recente das problematizações da linguagem por movimentos identitários. Refiro-me ao mecanismo do *trigger warning* e práticas afins. A tradução literal da expressão seria "aviso de gatilho", no caso o gatilho sendo as menções a situações de violência simbólica ou real. Por poderem ferir sensibilidades, pressiona-se que sejam precedidas por um aviso (*warning*), e, em alguns casos, que simplesmente deixem de existir. Isso me parece uma distorção ou extrapolação do princípio que analisamos, segundo o qual a linguagem é um lugar de reprodução de preconceitos, que por sua vez atentam contra liberdades individuais. As meras menções – isto é, a ocorrência em situações *descritivas*, não *normativas* – a eventos violentos não representam ameaça de nenhuma espécie a direitos, reconhecimento social ou liberdades. Entretanto, no mundo anglo-saxão há diversos casos de reivindicações de *trigger warnings*, de seu acolhimento institucional e de efeitos socialmente nocivos que isso vem produzindo. Jeannie Suk Gersen, professora da Harvard Law School, relatou em artigo para a revista *The New Yorker* que organizações estudantis feministas vêm rotineiramente recomendando a alunas que estas não se sintam pressionadas a comparecer ou participar de aulas que focam na lei da violência sexual, e que por isso podem ser "traumáticas" (eis uma interpretação bastante inverossímil do que pode ser um evento traumático). Gersen conta ainda que diversos estudantes têm pedido aos professores para não incluírem a lei sobre estupro nas provas, com receio de que o assunto possa prejudicar sua performance. Alguns estudantes chegam até a sugerir que a lei do estupro não seja mais ensinada devido a seu "potencial para causar perturbação".[169] Obviamente, a pressão dos alunos acaba por surtir efeito nos professores, alguns dos quais estão mesmo deixando de lado a matéria, com medo de ferirem suscetibilidades ou intimidados pelo movimento. Aqui não há conflito entre direitos diferentes, princípios libertários, nada disso. Não se percebe qualquer ganho social nessa estratégia. Fechar a janela não fará desaparecerem as ruas com seus tumultos. O mero aviso de *trigger warning* em conteúdos que apresentam violência pode ser algo inofensivo – mas a supressão da exposição, meramente enquanto exposição, de questões sociais violentas é regressiva, infantilizadora e obscurantista.

Nesse sentido, registre-se ainda o caso de um professor de direito de uma universidade dos Estados Unidos, processado, em 2015, por duas alunas, por ter baseado a questão de uma prova num exemplo que incluía uma clínica de depilação de pelos pubianos. A questão envolvia um processo contra a clínica por parte da cliente, que alegava ter dormido durante uma depilação no estilo *brazilian wax*. Pois bem, uma aluna se sentiu perturbada pois considerou que responder à questão implicava revelar publicamente se já havia feito uma *brazilian wax*. Essa queixa, somada à de que o professor incluíra a palavra "genitália" na questão, acabou levando a uma investigação de dezesseis meses, ao cabo da qual o professor foi declarado culpado de assédio sexual. Esse tipo de coisa (que, nas universidades dos Estados Unidos, já se tornou frequente) é uma absurda e perigosa distorção das premissas que venho defendendo aqui como pertinentes.

Agora podemos voltar à nossa *querelle* momesca. Instaurado o debate, diversas pessoas de algum modo ligadas ao mundo do Carnaval vieram a público se manifestar. A polêmica se estruturou a partir de três tópicos: o problema da "censura", a natureza supostamente "anárquica" e "alegre" do Carnaval, e a questão propriamente do preconceito nas letras.

O que se deve enfatizar de saída é que nunca houve censura nem se procurou que houvesse. Da perspectiva social, pública, censura é necessariamente institucional. Censura ocorre quando uma instituição impede alguma coisa ou alguém de se manifestar. Ninguém, nada foi impedido de se manifestar; apenas algumas agremiações decidiram não exercer o seu direito de tocar algumas músicas, no que também estão em seu direito. No meu entender, não deve haver censura institucional para obras culturais passadas, na medida em que seus efeitos fazem parte da construção da cultura, do presente, das subjetividades, das relações sociais. Deve-se garantir o direito de que elas circulem livremente, e todos aqueles comprometidos com valores políticos de igualdade poderão contextualizar essas obras, bem como identificar e desconstruir seus eventuais preconceitos. Desse modo, a transmissão das obras não implica reprodução de preconceitos. Ora, essa espécie de *no platform* para marchinhas conservadoras dos blocos cariocas não fere esse livre direito de circulação. Apenas não o exerce. (E com isso, com esse silêncio, diga-se de passagem, conseguiu chamar a atenção para o problema.)

Portanto, é improcedente o comentário do crítico de música Tárik de Souza, para quem "a volta da censura, mesmo que por razões consideradas nobres, é algo assustador".[170] Caetano Veloso, em depoimento para uma matéria de imprensa, após tratar de marchinhas concretas, disse: "não tenho vontade de proibir nada".[171] De acordo. Mas ninguém teve. À exceção de um edital público promovido pela prefeitura de Contagem,

Minas Gerais, em que as marchinhas concorrentes não podiam, pelas regras do concurso, fazer "qualquer tipo de manifestação de desapreço a órgão ou entidade da Administração Pública Direta e Indireta, a grupo social, organizações, pessoas físicas e instituições privadas".[172] Mas isso de modo algum se confunde com a polêmica que esteve em jogo. E é tão caricato – gestores públicos pegando carona em movimentos sociais identitários para se blindarem da crítica – que merece apenas menção especial pelo júri popular do *febeapá* nacional.

Mais exatos na descrição estiveram Ney Matogrosso e João Roberto Kelly, talvez o mais importante compositor de marchinhas carnavalescas do Brasil, autor de clássicos como "Cabeleira do Zezé", "Maria sapatão" e "Mulata bossa nova", todas acusadas de preconceito. Ambos se queixaram de "patrulhamento", aludindo à conhecida expressão "patrulhas ideológicas" cunhada pelo cineasta Cacá Diegues nos anos 1970. Estão certos no diagnóstico. Com efeito, o que houve foi mesmo um monitoramento rigoroso de discursos preconceituosos. A meu ver, as queixas de patrulhamento, no contexto desse episódio (e no contexto das contestações dos movimentos identitários em geral), se juntam às expressões do tipo "o mundo está ficando muito chato", "não se pode falar mais nada" etc., e formam o *paradigma reativo do privilégio*, isto é, dos que não querem abrir mão de perder nem um palmo de suas posições sociais de poder. Refiro-me, fique claro, às queixas de patrulhamento por princípio, ou seja, em face de *quaisquer* contestações feitas por movimentos identitários. Isso não significa que não se possa (acredito, repito, que se deva) criticar e contrariar determinadas contestações, na forma ou no conteúdo, desses movimentos.

Que esse "patrulhamento" tenha tomado o Carnaval como objeto, isso foi o verdadeiro núcleo gerador da polêmica. Afinal, como não faltaram vozes para lembrar, o Carnaval é uma grande festa libertária, anárquica, onde a ordem do mundo fica provisoriamente suspensa – certo? Bem, ao menos em parte, errado. E foi justamente essa parte a contestada. Na tradição sociológica e antropológica, bem como no senso comum da sociedade brasileira, o Carnaval é percebido como um parêntese na ordem do mundo. Conforme sintetizou o presidente do Cordão do Bola Preta, Pedro Ernesto Marinho, o Carnaval é "uma grande brincadeira".[173] Assim também o descreveu João Roberto Kelly: "Carnaval é brincadeira, meu querido".[174] Para Rita Fernandes, presidente da associação Sebastiana, que representa onze blocos cariocas, "a vida fica muito sem graça se tudo tiver que ser enquadrado, perdendo a leveza e a brincadeira, que são a essência do Carnaval".[175] Tárik de Souza também se juntou ao coro, observando que "o Carnaval tem sempre um sentido anárquico e caricatural".[176] Tom Zé, por fim, lembrou que "Carnaval é a época de fazer tudo ao contrário".[177]

O Carnaval é mesmo uma grande e maravilhosa suspensão do regime produtivista, dos parâmetros morais restritivos, da gramática corporal limitada, de todas as soluções de compromisso cotidianas etc. É ainda o mundo da fantasia, onde pobres são aristocratas por alguns dias, sambistas exibem a realeza de seus movimentos corporais, entre outras proezas provisórias de inversões sociais. E, entretanto, nem tudo no Carnaval é assim. Há aspectos de machismo, racismo, preconceito de gênero e confirmação de hierarquias. Esses aspectos podem e devem ser criticados. O que dizer de blocos de Carnaval que se nomeiam "Calma, Calma, sua Piranha" e "Se Cair, eu Como"? O que há nisso de "fazer tudo ao contrário" ou de "anárquico"? Trata-se de evidente conservadorismo, reprodução de preconceito tradicional. Deve ser encarado como brincadeira? Ora, só quem se sente à vontade para brincar assim é quem não é objeto da brincadeira. O músico Thiago França, fundador do bloco paulista A Espetacular Charanga do França, observou com precisão: "Essa ideia de liberdade total e irrepreensível só beneficia o homem branco hétero. Só essa única figura que não é oprimida durante a festa acha que o Carnaval é uma festa sem limite".[178]

O Carnaval é mais conservador do que nos acostumamos a pensar. O repertório clássico de marchinhas evidencia justamente isso. E contudo há grande resistência a admiti-lo. Rita Fernandes, presidente da Sebastiana, justificando a decisão da associação de não retirar as marchinhas dos repertórios de seus blocos afiliados, descreve-as como "antigas, tradicionais e [que] tinham um contexto, sem ter preconceito".[179] Ora, o contexto era justamente o preconceito social bem mais intenso do que o atual, que por isso mesmo se traduzia nas letras. Ney Matogrosso procurou defender "Maria sapatão" das críticas, observando que sua letra "não está falando mal da mulher quando diz que 'O sapatão está na moda/ O mundo aplaudiu/ É um barato, é um sucesso/ Dentro e fora do Brasil'".[180] Lida assim, isoladamente, ok, mas o que dizer do refrão: "Maria sapatão, sapatão, sapatão/ De dia é Maria/ De noite é João"? Ou bem João Roberto Kelly confundiu homossexual com transgênero, objeto sexual com identidade de gênero, ou bem a letra faz graça da situação de clandestinidade social da mulher lésbica, obrigada a performar a hétero tradicional de dia e se tornar ela mesma apenas no escuro mais protegido da noite. Seja como for, a letra trata da personagem como uma espécie de exotismo social. É a velha história: o homem, o branco, o ocidental, o heterossexual são o neutro, o universal, o normal. Como observa a feminista francesa Monique Wittig, nas condições da heterossexualidade compulsória em que vivemos, não existem propriamente dois sexos, masculino e feminino, mas apenas o sexo feminino. Não existe o *sexo masculino*, pois o homem não é determinado pelos atributos ligados ao sexo. Ele é antes um universal, uma espécie de suposto neutro.[181] Com efeito, não há marchinhas para homens brancos heterossexuais, enquanto tais. A tipificação é por si só uma forma de reprodução de preconceito.

Convocado para dar sua opinião sobre a polêmica, Caetano Veloso disse o seguinte: "Sou mulato e adoro a palavra mulato: é como o país é chamado em 'Aquarela do Brasil', que é nosso hino não oficial. Sempre detestei 'A cabeleira do Zezé' por causa do refrão 'corta o cabelo dele', que é repetido como incitação a um quase linchamento".[182] Não é por acaso que Caetano se refere à palavra "mulato", que nunca esteve em discussão na polêmica, e não a "mulata", essa sim objeto de contestação. Há uma diferença fundamental entre um gênero e outro. Na formação social e cultural brasileira, o mulato é objeto, sem dúvida, de racismo, mas a mulata, além do racismo, se define simbolicamente por uma associação sistemática ao sexo. A figura da mulata deve ser analisada por uma perspectiva intersecional: ela articula problemas de raça e gênero. O mulato, por ser homem, foi construído na tradição cultural brasileira com a marca (ou melhor, com a ausência dela) distintiva do masculino. Mariza Corrêa faz, em "A invenção da mulata", o inventário das metáforas dos cheiros, gostos e cores, ou seja, o conjunto das associações sensoriais, corporais, evocadas nas frases literárias nas quais a mulata é sujeito: "manjericão, cravo e baunilha nas de Aluísio Azevedo (*O cortiço*, 1890); cravo, canela e alecrim nas de Jorge Amado (*Gabriela, cravo e canela*, 1958; *Tenda dos milagres*, 1969); mandioca doce nas de João Felício dos Santos (*João Abade*, 1958)".[183] Isso não ocorre apenas, como sabemos, na tradição literária. "De Gregório de Matos a Guimarães Rosa, na prosa e na poesia, no universo do Carnaval (ou do samba), através do rádio, do teatro rebolado e da televisão", prossegue Mariza Corrêa, "a mulata, assim construída como um objeto de desejo, tornou-se um símbolo nacional."[184] Desse modo, conclui a autora, a mulata é definida na tradição cultural brasileira por ser "bonita e graciosa, dengosa e sensual; em suma, *desejável*".[185]

Ora, observa ainda o ensaio, "o mulato do mesmo Aluísio de Azevedo, os mulatos de *Sobrados e mucambos* e os de Jorge Amado são agentes sociais, carregam o peso da ascensão social, ou do desafio à ordem social, nas suas costas *espadaúdas*".[186] O mulato, assim, é destituído da marca da sexualização que caracteriza a construção (masculina) do gênero feminino. Ao passo que "a mulata é puro corpo, ou sexo, não 'engendrado' socialmente".[187] Por isso mulato e mulata são diferentes, e por isso (muito mais decisivamente do que a controvérsia sobre a sua etimologia) a palavra "mulata" tem sido objeto de contestação pelos movimentos negros e feministas. A mera palavra, independentemente de seu uso, ativa esse conjunto de associações à sexualidade que é um dos traços fundamentais de construção limitadora do gênero feminino, bem como da história das mulheres negras e mestiças no Brasil. Por isso até mesmo as exaltações da mulata em "Tropicália" ("Viva a mulata-ta-ta-ta-ta") e "Mulata bossa nova" ("Mulata bossa nova/ Caiu no Hully Gully/ E só dá ela/ Iê iê iê iê iê iê iê iê/ Na passarela") têm sido vistas com desconfiança.

O biógrafo Ruy Castro, entretanto, afirma que não há motivo para se incomodar com essas coisas e garante que nunca antes alguém se incomodou com elas: "Há décadas o país canta com amor essas marchinhas e nunca se viu uma morena, loura ou mulata se ofender".[188] Bem, sobre isso só posso observar que Ruy Castro não deveria trocar o ofício de biógrafo pelo de psicógrafo, que é um pouco mais carente de documentação. Fico, para concluir o assunto, com o argumento da feminista Aline Ramos, autora do blog Que Nega é Essa?: "o fato de as letras terem sido criadas num contexto político diferente do atual não significa que elas eram aceitas pelos grupos minoritários. A diferença está na maneira em que essas pessoas se organizavam para reivindicar seus direitos e apontar o preconceito".[189]

O caso do turbante

Em um livro dos anos 1990, *Race matters*, o filósofo Cornel West observou o seguinte: "Uma ironia do nosso momento é que enquanto jovens negros são assassinados, mutilados e encarcerados em números recordes, seus estilos se tornaram desproporcionalmente influentes na formação da cultura popular".[190] A observação identifica um *descompasso* no interior da cultura estadunidense. O conceito de "apropriação cultural", que é o pano de fundo teórico diante do qual se encenou o caso do turbante, designa precisamente esse descompasso. Mas antes de abordar diretamente o conceito e, em seguida, o caso, lembro que esse debate não é de todo estranho à cultura brasileira. Há uma história das reflexões sobre a natureza das trocas culturais, dentro do Brasil, bem como entre o país e culturas estrangeiras (dominantes, da perspectiva geopolítica). Vale a pena evocar alguns dos pontos principais dessa história. Passá-los em revista nos deixará em melhores condições para examinar o conceito de apropriação cultural e o caso concreto que tem nele o seu fundamento teórico.

Conforme vimos no capítulo 1, para o Brasil recém-independente e para as gerações seguintes que ainda tiveram que lidar com os problemas decorrentes dessa situação, o problema cultural central, explicitado ou não, era o da alienação. Durante o século XIX, a influência da matriz colonial europeia era tão dominante que tornava difícil o processo de construção de uma cultura "autêntica", "nacional". Melhor dizendo, de uma produção sistemática de obras de arte, nas diversas linguagens, autênticas, já que "cultura autêntica" é um pleonasmo (toda cultura é expressão simbólica das relações sociais de um determinado lugar; não existe "cultura inautêntica"). Entretanto, a aproximação entre uma coisa e outra, entre as obras de arte (reconhecidas enquanto tais pelas instâncias de prestígio social da época) e a cultura local, era dificultada pelo abismo de classe entre a pequena elite letrada que produzia as obras e o resto da sociedade, que não as consumia. Assim, aquela elite, isolada, se voltava para a metrópole como seu ponto de referência intelectual, gerando o fenômeno que se pode caracterizar, com todas as letras, de alienação cultural, isto é, tomar como matéria para produção de obras uma realidade social completamente diferente daquela compartilhada pelo público a que todavia elas se destinam. Nas palavras de Antonio Candido:

> A penúria cultural fazia os escritores se voltarem necessariamente para os padrões metropolitanos e europeus em geral, formando um agrupamento de certo modo aristocrático em relação ao homem inculto. Com efeito, na medida em que não existia público local suficiente, ele escrevia como se na Europa estivesse o seu público ideal, e assim se dissociava muitas vezes de sua terra.[191]

Sabemos a que armadilhas tal problema levou. Nosso romantismo tentou resolvê-lo por meio de uma estratégia – a criação de um mito de origem nacional – *importada* do romantismo europeu. Os índios de Gonçalves Dias e José de Alencar são mais literários do que reais. O complexo de colonizado era tão forte e naturalizado que engendrava casos ridículos, como o de um "romântico atrasado e de ínfima categoria",[192] Pires de Almeida, que publicou, já no começo do século XX, uma peça nativista... em francês. Enquanto isso, os índios de verdade estavam ali do lado, mas nem mesmo os modernistas, que fizeram imensos progressos no sentido de equacionar o problema da alienação cultural, escaparam totalmente dela. Como lembra Antonio Risério, Mário de Andrade precisou descobrir em uma revista inglesa que Xangô é o deus do trovão entre os "jorubas" [sic], "quando poderia tê-lo encontrado, ao vivo, dançando com suas roupas rubras, em diversos pontos do Brasil".[193] Do mesmo modo, prossegue Risério, o antropofagismo oswaldiano "se encontra com as idealizações arcádica e romântica: seus índios são ficções de gabinete".[194] Enquanto isso, arremata o antropólogo baiano, o marechal Rondon "contactava o grupo kaingang e 'pacificava' o xokleng".[195] Tudo isso bem perto dos modernistas, dentro do estado de São Paulo.

Para que se pudesse realizar uma arte "autêntica", era preciso antes construir o próprio sentido do que seria essa autenticidade nacional. O que é uma arte verdadeiramente nacional num país de história colonizada? A solução da antropofagia oswaldiana, que esteve tanto tempo oculta quando teria sido o óbvio, não impediu contudo que o debate voltasse a incorrer em termos superficiais. Nesse sentido, um empuxo nacionalista se fez sentir durante várias décadas do século XX. Para ele, uma arte nacional seria conquistada pela mera recusa ao elemento estrangeiro (mas numa época já globalizada, em que as realidades locais compartilham técnicas, comportamentos e valores, essa posição acaba por reencontrar a alienação de que desejara fugir). Seguindo a mesma lógica, mas adaptando os termos para o conflito de classes no interior de uma sociedade, a autenticidade cultural seria proporcional à sua origem popular, logo não alienada pela cultura de massa colonizada das classes médias. Em ambas as perspectivas se apresenta o problema da apropriação. Mas em direções opostas: num caso, é a cultura estrangeira dominante que, de certo modo, *desapropria* a cultura nacional ao impor sobre ela suas próprias formas, seus próprios gêneros, em suma, sua cultura; no outro, é uma classe social dominante que se *apropria* da cultura das classes populares, transformando-a segundo seus valores de classe e monetizando o resultado.

O debate nacionalismo versus alienação foi superado pela perspectiva antropofágica e seus avatares (o tropicalismo, notadamente). À medida que a cultura brasileira produzia gerações de obras nas quais o elemento estrangeiro era aproveitado – *apropriado* – no sentido de aprofundar e intensificar a percepção de nossa própria realidade social, engendrando assim obras originais sob um crivo mundial (o realismo em Machado de Assis, o jazz na bossa nova, as vanguardas no concretismo etc.), os termos dicotômicos perdiam sua razão de ser. Perdiam para a realidade. Como os zumbis são seres reais nos debates culturais, eles ainda assombrariam umas discussões – até morrerem de vez.

O outro debate, relativo à apropriação cultural de uma classe sobre a outra, nos permite elucidar um ponto decisivo. Talvez ele tenha se apresentado da forma mais veemente na obra do historiador da música José Ramos Tinhorão. Para Tinhorão, a história do desenvolvimento do samba, no Brasil, é a história de sua apropriação por uma classe média americanizada, alienada. Segundo o autor, o samba teria sido criado entre as últimas décadas do século XIX e as primeiras do XX, por negros baianos que vieram trabalhar, após a abolição, na zona portuária da cidade do Rio de Janeiro. O samba foi portanto "fixado como gênero musical por compositores de camadas baixas da cidade, a partir de motivos ainda cultivados no fim do século XIX por negros oriundos da zona rural".[196] Já na década de 1930, contudo, "o samba criado à base de instrumentos de percussão passou ao domínio da classe média, que o vestiu com orquestrações logo estereotipadas, e o lançou comercialmente como música de dança de salão".[197] Ou seja, o samba foi autêntico enquanto permaneceu em sua forma supostamente original, obra pura "das camadas baixas da cidade". Uma vez que as classes médias se apropriaram dele, começou sua decadência.

Essa decadência é proporcional ao nível de alienação das classes médias que se apropriaram dele. Assim, Noel Rosa, por ter vivido num período em que a porosidade urbana carioca era maior, não degenerou tão gravemente a forma do samba. Mas a classe média de Copacabana e Ipanema que inventaria a bossa nova, um bando de alienados, o destruiu de vez:

> Assim é que, bem examinado, um *fox trot* composto por Lamartine Babo nos anos 1930 é mais brasileiro que um samba bossa nova atual de Antonio Carlos Jobim, porque no tempo de Lamartine Babo a admiração pela música do irmão mais desenvolvido ainda não tinha atingido o refinamento da verdadeira lavagem cerebral, que consistiu em pensar musicalmente em termos jazzísticos, quando, sob o nome de bossa nova, se conseguiu a esquematização rítmica capaz de ser universalmente assimilada.[198]

Mesmo escrevendo já bem depois dela, Tinhorão se move em um paradigma de crítica cultural pré-antropofagia. Para ele, quanto maior a influência do elemento estrangeiro, mais alienado. Há erros em cascata nessas duas citações acima. Em primeiro lugar, simplesmente não é verdade, da perspectiva formal, que a bossa nova pensa em termos jazzísticos. Lorenzo Mammí, em seu *João Gilberto e o projeto utópico da bossa nova*, desfez o mal-entendido de maneira irreversível: o jazz é um gênero de privilégio harmônico, enquanto a bossa nova privilegia a melodia; o jazz, como tudo na cultura estadunidense, é uma demonstração de competência técnica, enquanto a bossa nova apresenta uma ética da beleza sem esforço, uma gaia ciência que desenha nada menos do que um projeto utópico de civilização tropical requintada e não produtivista etc.[199] Em segundo lugar, submetido ao paradigma pré-antropofagia, Tinhorão confunde alienação cultural com apropriação inventiva do elemento estrangeiro. Como viria a esclarecer Caetano Veloso, num artigo que tinha as posições de Tinhorão como objeto, "o resultado do trabalho de Carlos Gonzaga e Celly Campello não tem o mesmo sentido do de Luis Eça".[200] Ou seja, há uma diferença decisiva entre copiar a cultura hegemônica movido pela percepção colonizada de que ela é, a priori e incondicionalmente, superior; e se apropriar de elementos dela na medida em que podem contribuir para a criação de uma obra diferente, que de modo mais agudo traduza formalmente a experiência local.

Finalmente e sobretudo, a ideia de que o gênero do samba é uma criação pura das camadas populares, dos negros baianos chegados ao bairro da Saúde e adjacências, é simplesmente inverossímil no contexto da sociabilidade brasileira dos séculos XIX e XX. A ideia de gêneros puros, culturas puras, no mundo moderno, um mundo por definição constituído por cruzamentos, contatos, circulações, é uma ideia insustentável. A literatura especializada o comprova. Para ficarmos no samba, antes de a sua forma se consolidar no fim dos anos 1920, com o chamado "paradigma do Estácio",[201] ele foi se desenvolvendo com a geração da Cidade Nova, ainda muito próximo do maxixe ("Pelo telefone", o suposto samba original, hoje nos soa mais como maxixe do que como samba tal como o reconheceríamos após o trabalho dos compositores do Estácio). Ora, o maxixe é uma africanização da polca, gênero europeu. José Miguel Wisnik descreveu esse processo magistralmente em seu "machado maxixe".[202] O samba é resultado, portanto, de cruzamentos culturais que não excluem o elemento estrangeiro – e tampouco a contribuição de outras classes sociais que não as camadas populares, formadas por uma maioria de negros.

A história da música brasileira é uma história, como não poderia deixar de ser, impura, mestiça. Nela, como descreveu Risério, "a África se fazia presente em cada roda de samba que se abria do lado de cá do Atlântico. Mas houve também a mestiçagem musical".²⁰³ Pois "não eram só os batuques africanos ou de origem africana que soavam nas cidades, vilas e campos da Bahia. Também a música de origem europeia ressoava na região".²⁰⁴ Esse elemento estrangeiro, branco, se encontrava em diversos lugares: "Em serenatas, botecos, festividades ao ar livre, eventos celebrados nos sobrados, em casebres de barro e palha ou em imponentes templos religiosos. Por esses caminhos, negros tomavam conhecimento do mundo musical europeu".²⁰⁵ E a via não era de mão única:

> De outra parte, os batuques atraíam muitos brancos e mulatos, conhecedores de estruturações musicais europeias. Aqueles músicos da Bahia habitavam então, simultaneamente, dois universos. E nada mais natural que tais códigos musicais dessemelhantes fossem se afetando e mesclando. Brancos fazendo batucadas, pretos tocando árias.²⁰⁶

O mesmo, diga-se de passagem, vale para gêneros americanos de forte contribuição dos negros, como o blues e o jazz. Forte, mas não exclusiva. Como também demonstrou fartamente Risério, a música dos negros nos Estados Unidos começa com a realidade específica das *plantations* de lá, onde os orixás foram completamente abolidos, proibidos, e, com eles, os tambores que os evocavam. A energia musical dos negros escravos nos Estados Unidos foi toda para as vozes e melodias que, misturadas ao elemento do protestantismo, deram origem aos *spirituals* e *gospels*. É daí que vem o blues. Na origem, portanto, está a mistura.

Podemos agora nos reaproximar do ponto que deixamos suspenso. O conceito de apropriação cultural deve, antes de tudo, enfrentar o espectro do problema da inexistência, no mundo moderno, de culturas puras. Pois parece uma contradição alegar ser expropriado daquilo de que não se é dono. Ora, no meu entender, a pertinência do conceito não depende disso.

A improcedência do argumento das formações culturais puras não invalida a procedência descritiva do conceito de apropriação cultural. Este designa fundamentalmente uma dinâmica cultural de *desigualdades*. Gêneros ou formas que carregam uma larga contribuição das culturas negras, embora misturados em seu processo de formação histórica, tendem a circular no mundo com protagonismo não negro. O samba, por exemplo, é uma mistura de negros e brancos, de melodias europeias e contrametricidade africana, mas os sambistas brancos têm muito maiores chances de ascender no *star system*, cujas regras são feitas por brancos, para privilégio dos brancos. Evoquemos, por exemplo, o caso de Cartola, já então considerado um dos maiores sambistas da história, e que contudo passou uma década na miséria, doente, ostracizado, até ser por acaso avistado pelo jornalista Sérgio Porto (sobrinho de Lúcio Rangel, na época o mais importante jornalista a escrever sobre canção popular), que iniciou assim o trabalho de sua recuperação para o mundo cultural. Alguns anos depois, já com o sucesso do Zicartola, o sambista teria até o seu nariz (atacado por um rinofima, afecção associada ao alcoolismo) operado por Ivo Pitanguy.

O caso de Cartola não é uma exceção. Para ficar apenas no mundo do samba, lembremos que eram brancos os intérpretes mais populares dos anos 1930, a Época de Ouro da música popular: Mário Reis, Francisco Alves e Carmen Miranda. Os dois primeiros, aliás, costumavam comprar os sambas de compositores negros dos morros, como o próprio Cartola, tornando-se parceiros na divisão dos lucros. Na verdade, ficavam com a maior parte dos lucros, pois, numa época em que os direitos autorais ainda engatinhavam, os compositores não recebiam participação por exemplares de discos vendidos (apenas pela venda de partituras, só publicadas após a gravação das canções). O pagamento era feito de uma única vez ao autor que negociasse a gravação com uma gravadora. Chico Alves era quem levava os sambas comprados à Casa Edison, e assim ficava com o pagamento. A prática fora mais complexa do que parece, pois contribuiu para tirar muitos sambistas pobres do anonimato e os ajudava financeiramente. Sem um cantor famoso como Chico Alves, era difícil que um samba fosse gravado; e, sem gravação, nada de dinheiro. O intérprete arcava ainda com o risco de o samba não ser aceito pelas gravadoras, e assim perder seu investimento. Seja como for, a prática não deixa de ser uma espécie concreta de apropriação cultural – propiciada pelo fato de que os intérpretes famosos eram brancos.

É portanto da articulação do capitalismo com o racismo que se produz a realidade identificada pelo conceito de apropriação cultural. Ele não depende de que a cultura lesada seja, originalmente, proprietária exclusiva dos bens simbólicos em questão. É de uma dinâmica de desigualdades que se trata, em que a parte de contribuição de uma cultura inferiorizada, por maior que seja (e no caso dos negros é enorme quanto aos gêneros citados), não encontra correspondente justo nos modos de circulação social das formas culturais.

É um problema estrutural, sistêmico. Como observa a filósofa Djamila Ribeiro:

> Precisamos entender como o sistema funciona. Por exemplo: durante muito tempo, o samba foi criminalizado, tido como coisa de "preto favelado", mas, a partir do momento que se percebe a possibilidade de lucro do samba, a imagem muda. E a imagem mudar significa que se embranquece seus símbolos e atores para com o objetivo de mercantilização. Para ganhar dinheiro, o capitalista coloca o branco como a nova cara do samba.[207]

Embora se possam fazer diversas relativizações a essa descrição, seu ponto central permanece pertinente. A transformação do samba, de gênero perseguido a símbolo da cultura brasileira, envolveu vários outros fatores. Ela ocorreu numa década, os anos 1930, de esvaziamento do racismo, com *Casa-grande & senzala* e a ascensão dos negros no futebol, e ainda houve os interesses do Estado Novo, que se valeu do samba como gênero capaz de produzir a integração cultural do país. Entretanto, a dimensão apontada – da articulação entre branqueamento e mercado – existe mesmo no interior dessa complexidade, como atesta, para citar um exemplo entre tantos possíveis, o debate em torno do samba de Noel e seu "feitiço decente", "sem farofa, sem vela e sem vintém".[208]

Em suma, apropriação cultural é um conceito pertinente do ponto de vista descritivo. Ele designa o empuxo, tanto no sentido de um *whitewashing* das formas culturais de forte contribuição negra, quanto no de um protagonismo social branco, fazendo com que os negros não lucrem o quanto deveriam, nem simbólica nem materialmente, com as formas culturais em boa medida inventadas por eles. É essa a situação dramaticamente descrita pela passagem de Cornel West citada na abertura dessa análise: o protagonismo cultural de uma forma largamente inventada pelos negros (o hip-hop) não se traduz em benefícios para as pessoas negras. Enquanto o mundo inteiro ouve hip-hop, os negros são encarcerados em massa nos Estados Unidos. O mesmo se pode dizer da importância central dos negros para a cultura brasileira e do contraste com a sua situação social.

Por outro lado, esse breve exame dos debates em torno das apropriações e desapropriações em diferentes contextos da experiência cultural brasileira mostra que, de uma perspectiva de ação política, pretender limitar ou controlar esses movimentos é altamente indesejável – além de, na prática, impossível. A história cultural do Brasil seria infinitamente mais pobre se algo assim tivesse sido feito. Quase tudo, se não tudo o que realizamos de melhor, resultou da liberdade das misturas culturais.

Agora, vamos ao caso, propriamente. Ele começou com um post no Facebook de uma jovem mulher branca, chamada Thauane Cordeiro:

> Vou contar o que houve ontem, pra entenderem o porquê de eu estar brava com esse lance de apropriação cultural:
> Eu estava na estação com o turbante toda linda, me sentindo diva. E eu comecei a reparar que tinha bastante mulheres negras, lindas aliás, que tavam me olhando torto, tipo "olha lá a branquinha se apropriando da nossa cultura", enfim, veio uma falar comigo e dizer que eu não deveria usar turbante porque eu era branca. Tirei o turbante e falei "tá vendo essa careca, isso se chama câncer, então eu uso o que eu quero! Adeus". Peguei e saí e ela ficou com cara de tacho. E sinceramente, não vejo qual o PROBLEMA dessa nossa sociedade, meu Deus!
> #VaiTerTodosDeTurbanteSim[209]

O relato em seguida viralizou, dividiu opiniões, foram surgindo vídeos no YouTube, diversos textos de maior fôlego (comparados a comentários em redes sociais digitais) de pessoas ligadas aos movimentos negros ou não, e chegou até a imprensa, gerando matérias nos maiores veículos, em escala nacional, no fim das contas sendo talvez o caso de maior repercussão entre os estudados neste livro.

Como observou a jornalista Eliane Brum, autora de um dos artigos de maior repercussão sobre o caso, "uma parte significativa desse material produzido continha acusações ao movimento negro, de que estaria fazendo algo nomeado como 'racismo reverso'".[210] Podemos começar o exame do caso por esse ponto. *Racismo reverso* é a noção utilizada para designar as ações do movimento negro que propõem práticas divisórias, delimitadoras, segregacionistas em relação a não negros. Por exemplo, propor alojamentos ou espaços de debate só para negros em universidades. Quanto à pertinência dessa expressão, concordo totalmente com Stanley Fish, que a considera nula: "Há certamente uma distinção a ser feita entre a hostilidade ideológica do opressor e a hostilidade baseada na experiência daqueles que foram oprimidos".[211] Em outras palavras, há uma diferença fundamental entre o sentido das segregações originalmente impostas aos negros – que operavam com o intuito de promover um sistema de desigualdade radical, cujo fundamento ideológico era o racismo – e o sentido das ações políticas dos movimentos negros, em que as práticas de segregação operam com o intuito de promover um sistema de igualdade racial, por meio da correção de desequilíbrios originais. Seu fundamento, portanto, não é o racismo reverso, e sim a justiça, logo, suas práticas são apenas aparentemente análogas, mas na verdade opostas. É ainda Stanley Fish quem oferece a metáfora perfeita: "Um vírus é uma invasão ao equilíbrio do corpo, assim como um antibiótico; mas nós não igualamos os dois e nos recusamos a combater a doença porque o remédio que empregamos é disruptivo do funcionamento normal do corpo".[212] Assim, independentemente do que venhamos a pensar sobre o gesto da mulher negra – para quem mulheres brancas não deveriam usar turbante –, deve ser excluída do debate a expressão "racismo reverso".

Vale também para o objeto específico turbante o que já mostrei a respeito das formações culturais em geral: elas são impuras, frutos de múltiplos cruzamentos ao longo da história. "Turbante" vem do persa *dülband*, através do turco *tülbent*. Segundo o africanista Alberto da Costa e Silva, em *Um rio chamado Atlântico*, ele entrou na África vindo das culturas islâmicas, cuja presença em terras africanas era muito mais forte do que a europeia durante a Idade Média. "Em muitos lugares", relata o autor, "muito antes do primeiro pregador muçulmano, chegavam do Egito, da Líbia, do Marrocos ou do Sael islamizado o turbante, a sela com estribo, certos modos de vida e até mesmo volumes do Alcorão".[213] O turbante teria chegado às culturas negras vindo das culturas muçulmanas. Mais tarde, a circulação do turbante se deu entre a África e as Américas: "O turbante parece que andou viajando da África para as Américas, e das Américas para a África. O seu uso pelas mulheres talvez tenha começado com as luso-africanas da Senegâmbia e das Guinés ou com as crioulas do Brasil e das Caraíbas".[214] O turbante, portanto, é mestiço. Como, aliás, todo o traje da baiana, segundo Alberto da Costa e Silva: "O traje da baiana, do qual o pano da costa é parte essencial, não estaria, porém, completo sem três heranças portuguesas: a saia rodada, a blusa de rendas e os tamanquinhos".[215] De novo, e como não poderia deixar de ser, comprova-se a lei das formações culturais e, entre elas, a do Brasil: "Dessas justaposições, recriações, somas e misturas, há evidências por todo lado. Nas urbes brasileiras, a cidade africana se incrusta na europeia".[216]

Mas, novamente, vale também o que já foi dito sobre o conceito de apropriação cultural em geral: a impureza dos gêneros, formas e objetos não anula sua pertinência. A propósito, faça-se um teste simples: pesquisar no Google por "turbante feminino". A imensa maioria de imagens que aparece é de mulheres brancas usando o adereço – o qual entretanto tem uma história e um sentido muito mais fortes entre as mulheres negras ou os povos muçulmanos. Há nisso uma forma de *apagamento* que é experimentada como uma falta de reconhecimento, reproduzindo desigualdades cotidianas. Nátaly Neri, uma das vozes mais destacadas do movimento negro, observa que uma mulher branca de tranças e *dreads* se sente "linda, maravilhosa", "e quando eu saio de trança e *dread* sou chamada de preta suja e fedida".[217] Para usar o exemplo clássico, é como se lançassem uma Barbie loura de turbante ou *dreads*; o objeto forte para a cultura negra será valorizado enquanto legitimado pela mulher loura, sem que isso se converta em aumento do valor social da imagem da mulher negra. Isso para não falar das desigualdades materiais consequentes dessa assimetria no sistema de representação; quando se associa o turbante a mulheres brancas, mais modelos brancas do que negras farão trabalhos de moda com o acessório, por exemplo.

Essa experiência do apagamento é importante para a discussão. A escritora Ana Maria Gonçalves observa que a diáspora negra resultante do sistema escravista transformou as pessoas negras em "seres sem um pertencimento definido, sem raízes facilmente traçáveis, que não são mais de lá e nunca conseguiram se firmar completamente por aqui".[218] É nesse contexto histórico que o turbante emerge como "uma forma de pertencimento".[219] Segundo a autora, para as mulheres negras usá-lo significa "juntar-se a outro ser diaspórico que também vive em um turbante e, sem precisar dizer nada, saber que ele sabe que você sabe que aquele turbante sobre nossas cabeças custou e continua custando nossas vidas".[220] Para as mulheres negras, conforme a autora, o turbante é muito mais do que um adorno estético; é um emblema histórico, um abrigo simbólico, um objeto de identificação e empoderamento coletivo. Nenhum desses sentidos está presente quando é uma mulher branca quem o usa. Verdade. Mas aqui cabe uma pergunta: deveria estar?

Uma das soluções propostas por mulheres negras ao problema do turbante – mulheres brancas podem usá-los ou não? – foi a seguinte: mulheres brancas podem usá-lo se souberem sua história, seus sentidos, seu valor simbólico. Ora, mas isso é precisamente o oposto das dinâmicas de circulação cultural, sobretudo na época moderna. É precisamente a livre apropriação das formas, dos gêneros, dos signos, que torna possível o surgimento de novas formas, novos gêneros, novos signos – e é isso, por sua vez, o que torna uma cultura forte e inventiva. Imaginem se um bretão tivesse exigido dos negros brasileiros que respeitassem o futebol tal como era; que não lhe incorporassem os dribles desconcertantes, os passes de trivela, as fintas, a folha seca, o elástico, o valor estético, em suma, todo o *império da elipse*[221] que caracterizou a apropriação cultural brasileira (negra, em larga medida) do futebol. Claro, aqui não se trata de apropriação cultural, no sentido preciso do conceito, uma vez que ele designa a apropriação de uma cultura dominante sobre outra, e não o contrário, como no exemplo. Mas meu ponto permanece: é praticamente impossível, bem como culturalmente e subjetivamente não desejável, submeter os processos de circulação cultural a um imperativo de salvaguarda dos sentidos. Imaginem se um movimento negro tivesse sugerido impedir que o branco João Gilberto (branco simbólico, embora mestiço de fenótipo) se apropriasse do samba para realizar a bossa nova? Ou, com mais forte razão, o tivessem sugerido a Tom Jobim?

Ao longo da discussão do turbante, os argumentos lançados nesse sentido não me parecem pertinentes sob qualquer aspecto. Djamila Ribeiro, por exemplo, afirma: "O que é de origem italiana ou judaica, por exemplo, é respeitado como tal". E em seguida questiona: "Por que não respeitar o que é símbolo da cultura negra?".[222] Mas desde quando, e em que lugar do mundo, a pizza ou a *pasta* em geral é "respeitada"? Você pode fazer pizza do jeito que quiser, massa do jeito que quiser – e é daí que nascem novos pratos, novos sabores, novas possibilidades. A cultura negra não é uma exceção quanto ao modo como seus bens culturais são livremente apropriados; *isso* vale para todas as culturas. Do contrário haveria japoneses acionando seus diplomatas para impedirem qualquer país de servir salmão cru com cream cheese e chamar de sushi.

Do mesmo modo, não vejo como identificar na realidade a afirmação de Ana Maria Gonçalves segundo a qual "vários outros povos podem manter, sem controvérsia e sem serem obrigados a colocar na roda (É MEU! É do Brasil! É de todo mundo!), as 'contribuições' que trouxeram para o solo brasileiro".[223] "Colocar na roda" é outro nome para experiência cultural moderna. Nada é "respeitado". A regra das culturas é a apropriação. O que faz com que surjam invenções culturais é a liberdade de apropriação. Do contrário, o mundo seria completamente tradicional, cada cultura fechada em si mesma, os sentidos preservados e inalterados para sempre. Ora, isso é o contrário do mundo moderno, mundo da intensificação das trocas, dos cruzamentos culturais, da desprovincianização, do cosmopolitismo, da relativização dos costumes. Entretanto, permanece verdadeira a descrição desse mesmo mundo como internamente desequilibrado por uma geopolítica cultural que, articulada com o capitalismo, transforma o que seria uma livre circulação de bens culturais em exploração de grupos subalternizados.

O que *fazer*, então?

Há uma espécie de mal-estar nesse caso do turbante: a pertinência sistêmica do conceito de apropriação cultural parece não se desdobrar na pertinência de ações particulares. Ou, como formulou Guilherme Assis (a propósito do artigo de Eliane Brum): "Não há nem sombra de tentativa de explicar como o Turbante de Thauane piora a vida de mulheres negras ou contribui com o racismo e o genocídio negro". E sintetiza: "pragmaticamente, o texto e o discurso que o cerca são absolutamente ineficazes".[224] As demandas dos movimentos identitários, entretanto, não são necessariamente pragmáticas; são demandas de reconhecimento, como já vimos. Mas o problema persiste: do ponto de vista pragmático, o caso do turbante não parece apresentar soluções aceitáveis. Condicioná-lo à preservação dos sentidos que ele guarda para as mulheres negras é uma contradição em termos (basta que uma mulher branca o coloque na cabeça para esses sentidos se modificarem), além de, se tratado como um princípio, ser extremamente prejudicial à dinâmica das circulações culturais. Propor que as mulheres brancas deixem de usar turbantes, como faz Eliane Brum,[225] é sem dúvida um gesto nobre de reconhecimento para com as injustiças sofridas pelos negros e pode até ser cabível para o objeto particular turbante, mas não pode ser tomado como *princípio*: estabelecer fronteiras intransponíveis entre os territórios simbólicos, além de totalmente inverossímil, seria indesejável, sob qualquer aspecto envolvido (ou seja, o cultural e o político).

Os argumentos parecem se anular, sinalizando uma espécie de impasse pragmático. Guilherme Assis pergunta: "Em que medida o não uso de turbantes por brancos faz com que o racismo diminua?".[226] Ora, se de repente, por obra do Espírito Santo, nenhuma mulher branca usasse mais turbantes, isso sem dúvida não teria qualquer efeito sobre o racismo. Mas se todas as mulheres brancas do mundo deixassem de usar turbantes como gesto de reconhecimento às demandas do movimento negro (como propõe Eliane Brum), haveria um impacto enorme na diminuição do racismo. Isso, contudo, seria inadequado enquanto princípio, como já disse. E me parece que, percebido desse modo, torna-se antipático (um ataque a direitos individuais elementares), e por isso estrategicamente controverso (uma tal reivindicação pode angariar mais antipatia do que reconhecimento).

Por outro lado, quando se sugere que o uso de turbantes por mulheres brancas "contribui para a 'normalização' dessa vestimenta e, portanto, para a diminuição do racismo",[227] incorre-se numa perspectiva otimista, que a realidade tende a desmentir. Como já vimos, as pessoas negras não costumam se beneficiar do fato de que os signos importantes para a sua cultura circulem pelo conjunto da sociedade. Nos termos de Djamila Ribeiro, essa circulação "não se transforma em respeito e em direitos na prática do dia a dia. Mulheres negras não passaram a ser tratadas com dignidade, por exemplo, porque o samba ganhou o status de símbolo nacional".[228]

Não usar, portanto, é uma forma de reconhecimento, mas é indesejável como princípio (atenta contra o livre uso dos bens simbólicos, logo é prejudicial aos indivíduos e às culturas). Usar, por sua vez, não contribui para a diminuição do racismo, mas é questionável que o reproduza: pode-se até argumentar que a apropriação cultural por indivíduos em alguns casos se vale da desigualdade estrutural e a aproveita em benefício próprio (como, sei lá, Ivete Sangalo ou Claudia Leitte em relação à chamada *axé music*), mas é difícil enxergar isso nos casos de pessoas não famosas, de usos meramente privados, como foi o de Thauane. Por outro lado, assumir a *hashtag* "VaiTerBrancaDeTurbanteSim", lançada por Thauane, como muitos fizeram, é uma afirmação que transcende a dimensão pragmática, atingindo e ferindo aquela do reconhecimento. Como explicou Djamila Ribeiro: "O que incomoda o movimento negro é que nossas pautas são ridicularizadas ao mesmo tempo em que se quer fazer uso da nossa cultura e de seus símbolos".[229] Na origem do conflito esteve, aliás, uma cena desastrosa de reconhecimento. De um lado, mulheres negras que não souberam ver uma jovem branca para além da estrutura que ela, desse modo, representava; de outro, e ao contrário, uma jovem branca que não soube ver mulheres negras em sua estrutura, para além dos indivíduos que ali a afrontavam. No meio disso, para piorar, uma doença grave.

Djamila Ribeiro percebeu o impasse e apontou para o modo de sua superação: "Há colunistas, por exemplo, escrevendo que apropriação cultural não existe, e por outro lado, pessoas colocando a responsabilidade nos indivíduos, ignorando as questões estruturais. Acredito que ambos os caminhos são equivocados".[230] Em outras palavras, e como explica Nátaly Neri,[231] o conceito de apropriação cultural se refere a um racismo estrutural, e as ações contra o mecanismo devem se efetivar nesse nível estrutural,[232] e não no varejo dos usos individuais – no qual, pode-se acrescentar, se revelam ineficazes ou indesejáveis da perspectiva pragmática, além de antipáticas do ponto de vista estratégico.

O caso do clipe de Mallu Magalhães

No começo de 2017, a cantora Mallu Magalhães lançou o videoclipe da canção "Você não presta". Nele, um grupo de bailarinos, quase todos negros, homens e mulheres, dança em cenários urbanos com uma atmosfera de crueza, precariedade, despojamento: construções inacabadas, amplos espaços vazios, o interior de um contêiner, o uso de bicicletas e patinetes. Ao som de um samba, os bailarinos dançam com os troncos nus (as mulheres de top) besuntados de óleo. Mallu dança também, embora em geral separada dos bailarinos. E sem óleo.

Caiu na rede é peixe, digo, é *treta*: o clipe logo começou a receber uma enxurrada de críticas, levantando diversos problemas, mas sobretudo convergindo para a identificação de uma representação sexualizada dos negros. Mallu Magalhães não demorou a se manifestar. Em sua conta no Facebook, escreveu um texto pedindo desculpas por ter causado ofensas e dizendo-se triste por isso. Observou que às vezes os significados fogem ao controle. Agradeceu aos que se manifestaram, declarou ter aprendido com o episódio e disse esperar que com as desculpas não restasse "qualquer sentimento de ofensa ou injustiça".[233] O caso teve repercussão na imprensa nacional. O post de desculpas da cantora recebeu dezenas de milhares de manifestações, entre curtidas, apoio e críticas.

Para ficar só no Brasil (pois nos Estados Unidos os rappers passaram anos e anos produzindo clipes e letras que eram regressões políticas generalizadas, contendo machismo, elogio à violência, individualismo desabrido etc.), apenas dois meses antes, o clipe de outro cantor, o rapper mineiro Flávio Renegado, também havia sido alvo de críticas por motivos semelhantes. Nele, ao som do refrão "acabou o amor, agora é só luxúria", o artista contracena com um grupo de mulheres negras, simulando uma orgia. Renegado foi acusado de objetificação da mulher negra e reforço de estereótipos de gênero e raça: o homem heterossexual no poder e as mulheres negras orbitando em torno dele. Mulheres negras que, segundo sugere o refrão, estão ali convocadas não para o amor, mas para a luxúria, enfatizando assim a dimensão da objetificação.

Para entender o motivo das críticas, é preciso fazer a seguinte pergunta: qual a relação entre as pessoas negras e o sexo na história do Brasil? Essa questão deve ser tratada sob uma perspectiva intersecional, articulando os níveis de raça, gênero e ainda o nível econômico.

A relação entre negros e sexo no Brasil é central e remonta à tragédia fundamental do país, que foi o sistema escravagista. A exploração econômica dos negros se desdobrava, no interior das casas-grandes, em exploração sexual. Sabe-se o conjunto de práticas brutais a que eram submetidas as mucamas, objeto da cupidez dos sinhôs e da vingança das sinhás. O rol das violências coloniais abrangia desde sifilização das escravas até requintes de crueldade das sinhás enciumadas, que assassinavam as mucamas prediletas dos seus maridos (como o caso daquela que serviu ao marido, no jantar, os olhos da mucama boiando em sangue fresco).[234] Seria ocioso insistir nesse ponto; a exploração sexual no sistema escravagista é vastamente conhecida e incontroversa.

Também o é a sua perpetuação para além do fim do sistema, como parte dos seus efeitos que não desapareceram após a abolição. Gilberto Freyre evoca, em *Casa-grande & senzala*, com nostalgia indisfarçada (essa é a dimensão lamentável dessa obra monumental, a um tempo revolucionária e conservadora), a mulata "que nos iniciou no amor físico e nos transmitiu, ao ranger da cama de vento, a primeira sensação completa de homem".[235] Mas na história da vida privada da modernização conservadora do Brasil, os filhos das classes médias e altas muitas vezes continuaram a se iniciar sexualmente com empregadas domésticas (compreende-se, a propósito, o porquê de o fim do trabalho doméstico para os negros ter sido uma agenda tão decisiva para o movimento negro nos Estados Unidos).[236]

O primeiro ponto a ser firmado, portanto, é esse: a relação entre os negros e o sexo, no Brasil, remonta à exploração sexual escravagista, que atravessa o século XX, nas casas de classe média e alta, atenuada, mas não abolida – e ainda se mantém hoje, como uma associação, naturalizada, entre pessoas negras e sexo. Não importa que o mesmo Freyre tenha enfatizado que essa associação é falsa; que os negros não são indivíduos excepcionalmente sexualizados, e sim que a sexualização da sociedade brasileira foi obra do sistema escravista: "Não há escravidão sem depravação sexual. É da essência mesma do regime".[237] Esses esclarecimentos nunca puderam evitar que se perpetuassem sobre as pessoas negras os estereótipos sexualizantes mais imbecis. Ao contrário, o prolongamento dos empregos domésticos, nas condições determinadas pela herança escravista, acaba servindo como justificativa para a suposta "imoralidade" das mulheres negras. É o que identifica Angela Davis, em comentário perfeitamente adaptável à situação brasileira: "Desde o período da escravidão, a condição de vulnerabilidade das trabalhadoras domésticas tem sustentado muitos dos mitos duradouros sobre a 'imoralidade' das mulheres negras".[238]

Raça e economia, portanto. Mas também gênero. É claro que são as *mulheres* negras as mais vitimadas por essa associação. Porque ela é parte fundamental da própria construção do gênero feminino. Como observou Heloneida Studart: "Feia ou bonita, frustrada ou feliz, qualquer mulher sabe que a destinam a ser, literalmente, um objeto sexual".[239] Sobre esse ponto seria igualmente ocioso insistir. O sexo é uma marca de gênero constitutiva do feminino. Mas o é ainda mais para a mulher negra, em consequência do sistema escravagista.

Entretanto, não deixa de ser uma marca para o homem negro também. Faz parte da ideologia do racismo atribuir aos negros, em geral, uma espécie de déficit de capacidade técnica, abstrata, civilizatória, associando-os, assim, a um estado selvagem, no qual os impulsos sexuais não conhecem limites. Trata-se, como observou Cornel West, "do papel do outro exótico – mais perto da natureza (afastado da inteligência e do controle) e mais passível de ser guiado por prazeres vis e impulsos biológicos".[240] Ideologia de dupla face, diga-se de passagem, racista e colonizadora: a um tempo declara os negros inferiores e promove o mal-estar produtivista a valor superior.

Esse aspecto do racismo não está ausente do conjunto de signos que cerca o clipe de Mallu Magalhães. Como observou João Vieira, no material de divulgação enviado à imprensa, Mallu Magalhães diz que escolheu essa música como primeiro single "por uma necessidade e vontade de quebrar o vidro, do meu trabalho, da minha carreira e da minha imagem... colocar para fora uma energia de atitude, uma onda tão urbana como selvagem".[241] A presença dos bailarinos negros seria então o signo dessa "selvageria"?, pergunta Vieira.

Há no clipe, com efeito, diversos signos ou associações que reproduzem preconceitos ou tocam em pontos delicados de forma indelicada. A começar pela relação entre o cenário – precário, incompleto, cru – e os bailarinos negros seminus; relação que reforça a associação entre negros e, digamos, inaptidão para a técnica. Depois, como notou João Vieira, os corpos besuntados de óleo remetem às cenas da comercialização de escravos em praça pública, em que o óleo servia para aparentá-los "mais dispostos e saudáveis".[242] O óleo, obviamente, também enfatiza os músculos do corpo e remete ao suor dos movimentos corporais no ato sexual. O clipe traz ainda *frames* em que os bailarinos se encontram atrás de uma grade, como que enjaulados. Essa mistura de corpos negros "selvagens", sexualizados e atrás das grades, num país em que uma das formas mais perversas de perpetuação do sistema escravagista é o encarceramento em massa de negros – essa mistura é no mínimo infeliz.

Pois bem, o que está em jogo nesse caso, como no das marchinhas, é a *representação como campo de luta política*. A premissa é a de que as representações naturalizam preconceitos, contribuindo para a sua reprodução efetiva nas relações sociais. Trata-se então de desconstruí-las, desnaturalizá-las, apontar cada momento em que elas se formam e mostrar a origem histórica dessas representações, interrompendo, desse modo, o circuito reprodutor de preconceitos.

E de que maneira essas associações entre pessoas negras e o sexo se reproduzem efetivamente nas relações sociais? Ora, das mais diversas. No campo profissional, tende a desvalorizar as capacidades intelectuais das pessoas negras, vistas sempre como ineptas, "selvagens", no sentido acima mencionado. Para as mulheres negras que trabalham como empregadas domésticas, essa associação as deixa em estado permanente de vulnerabilidade e pode servir como encorajamento e mesmo justificativa para atos de avanço sexual indesejados por parte dos patrões. No campo dos relacionamentos afetivos, tende a fazer com que as pessoas negras sejam instrumentalizadas, percebidas, por meio de um fetiche racista estúpido, antes como objetos eróticos privilegiados do que como plenos sujeitos para uma relação amorosa. Entre outras diversas consequências que, presumo, as pessoas que sofrem com esse preconceito poderiam identificar.

O caso da "fiel defensora de estupradores"

Em 17 de fevereiro de 2016, a cantora baiana Marcia Castro postou uma foto em seu Facebook junto ao músico Fael Primeiro. A imagem trazia a seguinte legenda: "Um gigante na música, na arte e na alma. Meu brôu Fael Primeiro".[243] Logo começaram a surgir comentários de mulheres, num tom em geral destituído de agressividade, alertando a cantora para o fato de que Fael Primeiro estava sendo acusado de abuso sexual e cobrando dela "sororidade".[244] As mensagens de alerta predominaram: "Marcia, abre o olho, miga", "Se saia dessa roubada", "Pegue visão, Marcia". Junto às conclamações de sororidade: "Mulher apoia mulher!", "Marcia, meu bem, quem mexe com uma, mexe com todas e a senhora tem o dever, com nós mulheres, de não fazer vista grossa!", "Não existe ficar dos dois lados, Marcia, e é um pouco óbvio o lado que vc precisa estar". Houve também acusações contra a cantora, como a de privilegiar a lógica profissional à sororidade política: "Seja a favor das mulheres e não desse network bizarro", "O foda é perceber que o network vale mais que o sofrimento de nossas irmãs". Ou a de "peleguice": "Depois de fazer show na inauguração do playground de Netinho, conhecido como Novo Rio Vermelho – inimigo n. 1 dos e das trabalhador@s – agora foto com #nossoamigosecreto. Que peleguice!!". E ainda a de estar fazendo "promoção de estuprador" ou "passando pano pra acusado". No total, foram quase duas centenas de comentários, todos contestando a foto e a legenda publicadas pela cantora.

O motivo de tamanha reação foi que, alguns meses antes, uma mulher chamada Sofia Costa havia acusado Fael Primeiro de cometer violência sexual no Carnaval daquele ano, declarando que o músico teria abusado sexualmente dela e de sua amiga, que estava alcoolizada e desacordada. A acusação foi feita no contexto da mobilização produzida pela campanha #MeuPrimeiroAssedio, no fim de 2015.

Marcia Castro não respondeu aos comentários sobre sua foto com Fael Primeiro. No dia seguinte, publicou uma foto de Gandhi, com a legenda: "A única revolução possível é dentro de nós".[245] Na sua *timeline*, o assunto foi suspenso ali. Mas não fora dela. Em abril de 2016 Sofia Costa publicou um relato no qual explicava que, tendo sido processada por Fael Primeiro por calúnia, optou por entrar em acordo com a justiça, por meio de uma "transação penal", que a obrigava a prestar sete horas semanais de serviço comunitário. Sofia Costa esclareceu que a aceitação da transação penal não implica reconhecimento de culpa. O mecanismo oferece "uma forma de optar por não enfrentar um processo criminal para não correr o risco de sair condenado ao final, se considerado culpado".[246] Ou, observa ela, "mesmo que em seu íntimo saiba que não é culpado, simplesmente para não passar pelas agruras do processo criminal".[247] Enquanto cumpria os termos da transação penal, sua denúncia, registrada na Delegacia da Mulher, andava lentamente, sem ter sido ainda encaminhada ao Ministério Público. Segundo uma postagem da página Blogueiras Feministas, o episódio vinha sendo tratado "de forma parcial e irresponsável pela mídia local", pois "em nenhum momento Sofia foi ouvida pelos veículos, que priorizaram as falas do músico e seus defensores".[248]

Quase exatamente um ano após sua publicação original, Marcia Castro voltou ao problema. No dia 21 de fevereiro de 2017, escreveu um longo post, relatando que, por conta da pressão de feministas críticas à sua conduta no caso da foto com Fael, tivera cancelada sua participação no trio elétrico Respeita as Mina. O trio era um projeto de uma produtora, associada à Secretaria da Mulher, de Salvador, e tinha como objetivo chamar a atenção para os casos de assédio contra a mulher, especialmente no Carnaval. Segundo Marcia, algumas das mulheres que haviam comentado sua foto com Fael, e que lhe mandaram "mensagens coléricas",[249] protestaram contra sua participação em um trio de engajamento feminista, pois ela era "uma cantora que apoiava, defendia estuprador". Diante da pressão, as organizadoras do trio decidiram substituir Marcia por outra cantora. Marcia conta ter temido por sua integridade física, caso subisse ao trio, "visto o nível agressivo das mensagens". E relata ainda que o mesmo grupo de mulheres passou a exigir sua saída de todos os outros projetos em que ela estava envolvida no Carnaval sob a justificativa de que ela teria se tornado "uma fiel defensora de estupradores".

Em seu relato, Marcia dedica um parágrafo ao ponto central da questão, que trata das condições de seu juízo sobre as acusações sofridas por Fael Primeiro. Entretanto, sofrendo pressão de feministas, ela acaba por adotar uma estratégia de convocar para si, por sua condição de mulher, a mesma sororidade cobrada dela no episódio originador de todo o conflito. Optou, assim, por não enfatizar ou propor o aprofundamento da reflexão sobre o xis do problema, causador de todo o resto e questão fundamental para a luta feminista e sua relação com a prática da justiça – questão fundamental, portanto, para o conjunto da sociedade, uma vez que essa luta, por definição, envolve a todos. Em vez disso, Marcia Castro multiplica as tentativas de atração de sororidade, afirmando ser hoje "imprescindível resistir às armadilhas do machismo e do sexismo que nos põe umas contra as outras", lembrando que "não somos rivais, não somos inimigas", apresentando sua carteirinha de minoria ("Sempre falei abertamente sobre minha lesbianidade"), multiplicando-a, aliás, em versões de gênero, classe e subclasse ("Aqui está o posicionamento de uma mulher. Espero que ele minimize os danos que eu, mulher, artista, cantora e raladora independente tenho sofrido"), apostando, em síntese, numa retórica de *captatio benevolentiae* – nem sempre humilde, como requer a estratégia dos antigos latinos, mas subindo o tom contra "os homens", de forma generalizada, acredito que para satisfazer a demanda da parte da militância feminista que, precisamente, estava contra ela. Assim, Marcia afirma que "todo homem é um potencial violador". "Nem todo homem é um violador, evidente. Mas todos têm a potência de ser. Ainda assim os recebemos." Em seguida diz entender "o barulho, o escracho, a exposição contra machos violadores". Só lamenta que "sempre que isso acontece as mulheres por perto são brutalmente atingidas". Finalmente, conclama a que "toda essa energia que está sendo posta na perseguição da minha pessoa, na invasão do meu espaço de trabalho seja posta na pressão nas relações com os homens".

A energia, contudo, nunca pode deixar de ser posta na reflexão teórica sobre a legitimidade e a justiça dos procedimentos de luta aplicados. Reivindicar que a perseguição a uma mulher simplesmente se volte contra os homens é a um tempo tomar uma atitude de mero "interesse particular de grupo" (e aí se renuncia a qualquer tentativa de justiça como perspectiva geral) e incorrer numa contradição, uma vez que, na origem, foi justamente não ter agido desse modo – isto é, aliando-se incondicionalmente às mulheres contra os homens – que produziu toda a celeuma. Assim, deve-se pensar sobre "o barulho, o escracho, a exposição contra machos violadores" não porque, ou exclusivamente porque, eles atingem as mulheres; e sim porque escracho é uma estratégia controversa, por definição sujeita a injustiças particulares – mas legitimada, por outro lado, pelas injustiças institucionais, que os escrachos pretendem corrigir, no espaço que lhes é possível. E é jogar perigosamente para a torcida afirmar que "todo homem é um potencial violador". Os preconceitos estruturais necessariamente se efetivam em condutas particulares em alguma medida, de alguma forma; mas essa afirmação perde todo o senso de proporção. O racismo estrutural não torna uma mulher ou um homem branco "um potencial membro da Ku Klux Klan". Do mesmo modo (aqui me parece cabível a comparação formal), o machismo estrutural torna todo homem potencialmente... machista, ou seja, atualizador de diversas práticas autoritárias ou mesmo intimidatórias, que devem ser combatidas, mas que não se confundem, quanto à gravidade, com violência doméstica ou estupro. Homens *não são* potencialmente estupradores. Estupro é um crime que requer outros elementos – da ordem da estrutura psíquica, da constituição moral – a que o machismo por si só de modo algum necessariamente conduz. Afirmar o contrário é demagogia irresponsável. Essa formulação vem da noção do feminismo radical de *rape culture*, cultura do estupro. Trata-se de uma expressão bastante problemática. Por um lado, é verdade que os estupros fazem parte de uma cultura machista. Esta objetifica a mulher, a associa ao sexo, não respeita plenamente a sua condição de sujeito autônomo, e, assim, no limite, alguns homens extraem dela a autorização para a imposição da força física masculina e cometem um crime hediondo. Mas, justamente, estupros são casos-limite, e não uma consequência lógica da cultura machista. É esta última forma de pensar que produz a formulação "todo homem é um potencial estuprador", quando, na verdade, a imensa maioria dos homens, todos machistas, jamais estuprariam uma mulher. O que existe, portanto, é uma *cultura do machismo*. Combatê-la certamente implica combater o estupro. Existe obviamente uma associação entre machismo e estupro. Mas confundir as duas coisas é perder o sentido das proporções e das diferenças, incorrendo na "lógica do amálgama", tal como a define e critica a filósofa Elisabeth Badinter.[250]

De volta ao xis do problema concreto, ele configura uma espécie de aporia. Em seu relato, Marcia Castro relembra o episódio da publicação de sua foto e a legenda com Fael Primeiro. Conta que, ao se deparar com os comentários o acusando de violência sexual, foi buscar informações sobre o ocorrido. E aí é que está o busílis:

> Mas nesse momento o que me restou, e todas vocês sabem como funciona, foi a palavra dela contra a palavra dele e muitos pontos de vista acerca dos fatos. Podia ter tirado a foto, mas não tirei. Ao mesmo tempo e pelo mesmo prisma, não poderia defender o acusado. Nesse ínterim, minha caixa de mensagens explodia de textos agressivos de muitas garotas, de acusações contra mim, como se eu fosse uma extensão da violência sofrida pela mina.

É esse o cerne do problema: o que fazer diante de uma denúncia de abuso sexual (refiro-me a pessoas físicas, não a instituições)? Ao não retirar a foto com Fael, Marcia, em face do dilema da "palavra dela contra a palavra dele", acreditou estar correspondendo à impossibilidade de decidir: tirar a foto seria condená-lo, defendê-lo seria absolvê-lo, e ela não via evidências para uma coisa ou outra. A manutenção da foto, acompanhada de um silêncio sobre as acusações, foi sua forma de manifestar uma suspensão do juízo. É verdade que a legenda – "um gigante [...] na alma" – pareceu a muitas uma defesa moral do acusado. Se Marcia tivesse se manifestado na ocasião, explicando sua perspectiva de não julgar, talvez a temperatura tivesse baixado. Mas o mais provável é que não, porque os comentários a seu relato (bem como à foto original) apontam, em sua quase totalidade, para o imperativo de se tomar partido, de se aliar incondicionalmente, de recusar a suspensão do juízo.

O problema é de difícil solução. A comparação meramente formal – "a palavra dela contra a dele" – acaba incorrendo em uma falsa simetria, dadas as condições efetivas de fala de mulheres e homens: tanto no nível das instituições públicas (delegacia, Ministério Público, juízes), quanto no nível das crenças sociais, a palavra da mulher tende a ser desvalorizada, ou até desqualificada. É isso a cultura do machismo. Assim, diante do desequilíbrio efetivo, indicado por dados alarmantes (a proporção entre o número de casos de violência sexual e o número de denúncias; bem como a proporção entre o número de denúncias e o número de punições), os movimentos feministas criaram mecanismos de correção. O problema, entretanto, é que esses mecanismos, criados para lutarem contra injustiças, são eles mesmos potencialmente injustos. Troca-se um princípio formal, que torna abstratas as condições concretas, por princípios de sentido oposto, mas que igualmente abolem a realidade material dos casos particulares: "a vítima tem sempre razão", "não se duvida da palavra da vítima", "deve-se ter sororidade incondicional", "é preciso ter empatia com a vítima" etc. O imperativo do incondicional é também uma maneira de recusar o caso particular, sem cujo exame nunca se faz justiça. É bem provável que estejamos mesmo diante de uma espécie de aporia, pois não é justo tratar do problema de uma perspectiva formal, mas também não o é inverter simplesmente o mecanismo, eliminando a presunção de inocência, abraçando as petições de princípio (acusado se torna culpado, acusador se torna vítima), confundindo a estrutura e o particular, convocando sororidade incondicional, convocando empatia com a "vítima" e descartando o processo jurídico, com seus meios apropriados (ampla defesa, contraditório, devido processo legal), por ser ele mesmo tendencialmente enviesado – e com isso voltamos à origem do problema. Seria oportuno pensar profundamente sobre se essa espécie de utilitarismo que consiste em tentar promover justiça estrutural às custas de potenciais injustiças particulares é o melhor caminho. Mas, ao contrário, metarreflexões não costumam ser bem-vindas na dinâmica da avalanche de comentários. Como observa Wilson Gomes: "Não se admite hesitação, ceticismo ou até dúvida a respeito de táticas: é tudo ou nada, conosco ou contra nós".[251] Desse modo, os "conosco" tendem a não interromper o consenso pela instauração de questões teóricas, uma vez que isso os colocaria sob o risco de perder o estatuto de "conosco". E os outros, os que não são reconhecidos no círculo do "conosco" – no caso, os homens -, "estão moralmente desqualificados para a crítica",[252] seus argumentos anulados pela carta, sempre à manga, do ad hominem.

O que se viu nos comentários do relato de Marcia Castro foi a tendência generalizada a renunciar a perspectivas complexas e nuançadas. Correm soltas as petições de princípio, tanto em suas versões diretas (chamar denunciado de estuprador e denunciadora de vítima), quanto em sua versão indireta, que consiste em inverter o ônus da prova ("E que bom que ainda estamos discutindo sobre esse tema, porque o processo ainda está correndo, e ele não foi inocentado"). Largamente empregada é também a exigência de sororidade, não importam as condições concretas do caso: "Desça desse muro. Ou nessa você é machista, ou prega a violência contra a mulher! Simples". Ou seja, qualquer recusa a alinhamento total faz com que se seja passado para o outro lado do espectro político. Não pode haver complexidade, dúvida, suspensão do juízo: "[...] quem é que se sente segura e quer à frente uma artista que 'só tendo a palavra de um homem contra a da mulher' toma o partido do homem?". Ou está conosco, ou contra nós. "Para piorar, nesse belo texto de agora ela resolve não só passar esse papel vergonhoso de ofendida, como resolve relativizar a denúncia da vítima, e relativizar a culpa do abusador". Relativização não pode ser uma virtude cognitiva, adequada à complexidade do material real, mas sim uma fraqueza política.

Em meio ao conjunto mais vasto de intervenções problemáticas, de tão seguras (toda formulação, obviamente, carrega problemas; mas "problemática" é a formulação ignorante dos problemas que carrega), há colocações dispostas a pensar os lados opostos da questão ao mesmo tempo. Um comentário, por exemplo, começa observando que "é muito perigoso o discurso de que diante de uma acusação de estupro 'é a palavra dela contra a dele' quando sabemos que as estatísticas de violência sexual são absurdas e que a sociedade faz de tudo para desacreditar as mulheres que são vítimas". Mas a seguir relativiza: "Como feminista, tenho fortes tendências a dar crédito à vítima, mas devemos ter o cuidado de não afirmar nada sem provas". Para, contudo, concluir com uma formulação extremada e falseadora: "Não é simplesmente a palavra de uma mulher contra a de um homem, é a palavra de uma potencial vítima contra a palavra de um potencial estuprador". Permitam-me insistir, porque a frase acima apresenta uma simetria formal entretanto capciosa. Toda mulher é uma potencial vítima de estupro; mas isso *não implica* que todo homem seja um potencial estuprador. Apenas alguns homens – moral e psiquicamente transtornados – são capazes de estuprar. Mas esses *alguns homens* são capazes de estuprar *quaisquer mulheres*. Daí a confusão estabelecida pela frase, que transforma a relação de *alguns com todas* na relação de *todos com todas*.

É oportuno ainda transcrever aqui um grupo de comentários que indica a presença de outra lógica, mais imaginária que política, que necessariamente atravessa os processos de linchamento digital: "A questão é que há um ano atrás você deixou todas as suas fãs extremamente decepcionadas com você, e não houve nenhum esclarecimento nesse período" "Aquela coisa, né, me poupe do seu textão desonesto. Na época você não respondeu nenhuma de nós, fingiu que não viu e na sequência fez post de alfinetada nos pedindo mais tranquilidade ou qualquer balela do tipo. Toma vergonha." "Vc poderia ter sido humilde ao se retratar, mas preferiu se colocar na posição de vítima." "Demorou um ano pra responder as mulheres, né, linda? Tava sem wi-fi, foi?" "O que piorou tudo foi isso! Ela é artista, ignorou o público, recebeu o mesmo de volta."

Pois bem, a exigência de uma resposta (e a punição no caso do silêncio), assim como a exigência de humildade (e a punição no caso da recusa ao rebaixamento imaginário), apontam para uma dimensão de pura economia narcísica, típica aliás da relação de pessoas públicas com seus "fãs". A economia habitual, em que os admiradores sustentam o narcisismo dos admirados, está sempre prestes a se reverter, bastando para isso que aqueles se sintam "decepcionados" com esses, como se houvesse um pacto de fundo segundo o qual os fãs têm poder de controle sobre as condutas morais das figuras públicas que apoiam. Nessas ocasiões, se essas figuras não reconhecem o pacto, se não se comportam humildemente, o suporte narcísico é todo retirado, aliás, invertido: no lugar da admiração, o rebaixamento.

Essa dimensão imaginária, feita de processos de humilhação do outro, é um dos traços definidores de linchamentos digitais (a humilhação do outro é uma das maneiras – a mais fácil – de se obter a elevação da própria autoestima). Naquele que foi até hoje talvez o caso mais emblemático de linchamento digital, o de Justine Sacco, o tuíte de um linchador explicitou com nitidez a dinâmica. Como vimos na introdução, Justine, após postar um comentário irônico no Twitter, que foi interpretado, estupidamente, como preconceituoso, desligou o telefone e entrou num voo internacional de doze horas. Quando desembarcou, era *trending topic* número 1 mundial no Twitter, estava sendo linchada em escala planetária, havia sido demitida por sua empresa, e já havia um linchador na sala de desembarque para tirar uma foto da reação dela diante do mundo caindo sobre sua cabeça. Pois bem, relembrando o caso, e o momento em que milhares ou milhões de pessoas aguardavam Justine pousar para descobrir que estava sendo massacrada, um linchador da ocasião disse a um amigo: "Cara, lembra da Justine Sacco? Deus, aquilo foi incrível".[253] *God, that was awesome*: há sem dúvida um gozo perverso nos linchamentos, autorizado pela crença de superioridade moral. Essa crença, por sua vez, é fundada numa lógica maniqueísta que opõe dois grandes blocos supostamente homogêneos: o dos "com poder" e o dos "sem poder". Desse modo, como explica Elisabeth Badinter, referindo-se ao contexto feminista: "À hierarquia de poder que se combate, opõe-se uma hierarquia moral. O sexo dominador é identificado ao mal, o sexo oprimido ao bem".[254] No caso de Justine Sacco, ao ser identificada à posição racista, ela imediatamente passou para o mal. E, claro, isso permite a todas as pessoas que a identificaram assim identificarem a si mesmas com o bem. O linchamento é um negócio altamente compensador da perspectiva imaginária: ele propicia o sentimento de superioridade moral e o apoio mútuo de inúmeras pessoas. E ele depende do maniqueísmo para operar. Entretanto, Badinter alerta: "Todo militantismo se choca com uma dificuldade: levar em conta a diversidade da realidade".[255]

O caso de Marcia Castro teve uma ressonância baixa para os padrões de linchamento digital: umas três centenas de compartilhamentos, mais umas cinco centenas de comentários, com repercussão mais local do que nacional. Ainda assim, me parece um caso de linchamento, não somente pelas consequências que produziu para além do ambiente digital (o cancelamento de sua participação no trio Respeita as Mina e a alegada tentativa de cerceamento de sua atividade profissional), como, e sobretudo, pelo ataque coletivo que sofreu, com pouquíssimas vozes corajosas o suficiente para problematizá-lo. Uma dessas, ao se posicionar contrária ao linchamento que a cantora estaria sofrendo, obteve um comentário objetando que não havia, a não ser excepcionalmente, "palavras de baixo calão", "ofensas que nada têm a ver com o fato (tipo vadia, arrombada, doente mental etc.)" e "alguma ameaça à vida dela". Mas esses não são os traços definidores de um linchamento. Um linchamento é um ataque coletivo à imagem de alguém; uma humilhação pública, impulsionada pela lógica dos grupos, em que, como descreveu Gustave LeBon, "os sentimentos e atos são contagiosos".[256]

E, na maioria das vezes, senão em sua totalidade, esses linchamentos têm se dado contra pessoas que pertencem ao mesmo espectro político daqueles que os atacam. Como disse um comentário: "O pior de tudo é a vontade imensa em perseguir e prejudicar uma pessoa que vocês sabem que não é apoiadora de estupradores e não é machista". Contudo, são essas as pessoas que estão ao alcance dos linchamentos identitários. Uma pessoa clara e assumidamente preconceituosa, que não reconhece qualquer legitimidade nas reivindicações de minorias, essa pessoa tem mais meios de se preservar desses ataques. Pode bloquear sem restrições todos os contendores nas redes – já que efetivamente são seus adversários políticos – e sobretudo não se importará tanto com os ataques; na medida em que não reconhece valor à ofensiva, assim a lógica da humilhação não se estabelece, e consequentemente o prazer perverso de humilhar também não. Como observa Jon Ronson, a possibilidade de sermos humilhados se situa no espaço entre aquilo que realmente somos e a forma como nos apresentamos ao mundo".[257] São os flagrantes de incongruências entre uma coisa e outra que disparam os linchamentos. Quando se abole esse intervalo, a coisa não pega. Ora, os verdadeiros adversários políticos dos movimentos identitários não oferecem essa margem de contradição (eles assumem, de saída, aquilo de que poderiam ser acusados), e com isso, paradoxalmente, permanecem fora do campo das humilhações.

Já os aliados fundamentais, quando cometem algum deslize – que entretanto não compromete um alinhamento mais decisivo –, tornam-se prato cheio para o repasto dos *social justice warriors* digitais. Atacados por pessoas do próprio campo, tendem a submeter-se à humilhação, porque reconhecem a legitimidade geral da perspectiva dos que os atacam, *identificam-se* com essa perspectiva, e assim não podem simplesmente mandá-los às favas, já que não querem perder o seu reconhecimento. É a sua própria identidade que também está em jogo. Assim, tendem a se desculpar, a admitir pelo menos em parte o seu erro, e ao mesmo tempo tentam se explicar, se justificar, reafirmar seu compromisso com os valores do grupo que os ataca. Preservar a sua autoimagem. Em suma, um linchado se vê entre a cruz e a caldeirinha imaginárias: ou reconhece o erro e tem sua autoimagem desfigurada pelos outros; ou não o admite e corre o risco de tê-la desfigurada por si mesmo. Nem todo mundo tem esclarecimento e força suficientes para lidar com essa situação.

Geralmente, a pessoa na berlinda acaba por se desculpar. A postura, contudo, não costuma surtir efeito, porque aceitá-la, da parte dos linchadores, implicaria cessar o linchamento e, com ele, as recompensas imaginárias. Além disso, desculpas reforçam o sentimento de superioridade moral dos linchadores. Desculpas, portanto, não fazem cessar linchamentos. Esses, quando encontram espaço para se instaurar, só acabam por exaustão, por já terem obtido prazer suficiente. Provisoriamente.

O caso do doping por óleo de massagem

No dia 8 de março de 2017, a página do Facebook As Minas do Carnaval de Belô publicou a seguinte denúncia, que reproduzo na íntegra (O TEXTO TEM ERROS DE PORTUGUÊS E PONTUAÇÃO TRUNCADA, MAS NADA QUE COMPROMETA A COMPREENSÃO):

> Está rolando em diversos ambientes virtuais uma denúncia grave de abuso sexual em Belo Horizonte (estupro de vulnerável e transmissão dolosa de contágio venéreo). O denunciado é o Gustavito Amaral, músico e integrante de alguns blocos populares da cidade.
>
> As duas partes devem ser ouvidas? Com certeza. Mas, o relato de uma vítima sempre deve vir primeiro e precisa de toda a visibilidade.
>
> Hoje é um dia propício para lembrar as vítimas da opressão e da violência passada e presente e celebrar o fortalecimento e a solidariedade crescente entre as mulheres.
>
> É por isso que resolvemos quebrar o sigilo e preservando a identidade da vítima, vamos trazer luz a acontecimentos nefastos que envolvem essa figura um pouco conhecida no meio independente.
>
> A vítima que chamaremos de Lírio aproximadamente no mês de maio de 2016 foi diagnosticada com uma doença sexualmente transmissível, "HPV", ela informa que após um evento teve um envolvimento íntimo com Gustavito, foi até

a casa azul e ele pediu para que ela fizesse uma massagem nele fornecendo o óleo, por ter conhecimentos em medicina indiana ela fez a massagem corporal, após cheirar o óleo ela passou a sentir tonta, mais excitada e se deu conta de que estava fazendo sexo oral nele. Ela junto com os advogados levantam a hipótese de que tenha sido drogada. Parece que esse tipo de estimulantes é muito comum no meio músical. Apesar de não se recordar completamente dos fatos, recorda-se que perguntou a ele: "o que é isso aqui?" Se referindo a algo que não sabe afirmar o que era no pênis dele e na época ele afirmou "já fui ao médico várias vezes, não é nada". Ela afirma que até a data do diagnóstico, Gustavito havia sido o único parceiro que ela teve, e que se encontraram essa única vez. Eles se conhecem a mais de 10 anos frequentavam vários ambientes em comum e não havia motivos na época para que ela desconfiasse dele, também ela não tinha condições psicológicas para pensar diante do doping.

Ela relata ainda que após tomar conhecimento da doença, enviou mensagens para ele e o inquiriu sobre o fato, a transmissão de DST com intenção dolosa é crime previsto no artigo 131 do código penal brasileiro, já que ele sabia que tinha a doença e a negou no evento mencionado.

Nesse segundo momento ele afirma que realmente havia tido HPV, que era uma doença simples e que ela não deveria se preocupar e sim ir ao médico e resolver, "resolver sem a participação dele" também perguntou se havia tido envolvimento sexual entre os dois e como ele poderia saber se tinha sido ele quem passou a doença para ela, já que ela havia dormido com mais de mil homens.

Esse texto é composto por fragmentos do boletim de ocorrência feito no dia 06/08/2016, Lirio ainda teve algumas complicações que envolveram a doença, é raro mas ela pode subir para o útero causando hemorragias e possível esterilidade. Ela deu entrada no hospital no mês de agosto e durante os meses de setembro e outubro teve que fazer tratamentos venosos durante três vezes por semana no hospital, devido a diversas hemorragias sofridas. Tudo muito doloroso, o que ainda a impediram de trabalhar. Gerando danos físicos, materiais, profissionais e psicologicos.

Várias conversas com Gustavito foram tentadas, sempre com respostas evasivas aliadas e estórias mentirosas, ele somente topou um encontro quando um grupo de pessoas intitulada Movimento Polvo o ameaçaram publicar a história. Em nenhum momento ele se retratou, se preocupou com o bem estar dela, e os sérios problemas de saúde envolvidos. Também não se envolveu em qualquer reparação real de danos causados. EM NENHUM MOMENTO durante todo esse tempo de mais de um ano Gustavito se interessou em perguntar a ela como ela estava, preocupação e responsabilidade ZERO. Não foi só uma dualidade exposta mais um total distanciamento entre fala, ação, pensamento e sentimento. Revelando que Gustavito é uma farsa, e que se envolve com a espiritualidade, a fé, os movimentos sociais e a tradição, bem como se apropria das mídia independentes somente como trampolim para disseminação e expansão do seu campo de relações abusivas e tóxicas.

Por isso resolvemos publicar essa história, para que mais pessoas tenham acesso a verdade, se queremos uma vida mais justa, mais amor e bem estar, precisamos limpar o poço! Agora você conhece um pouco mais da verdade sobre a falta de caráter de Gustavito e pode escolher com mais consciência banir tudo em que ele estiver envolvido.

O cuidado com o outro deve ser constante, todo ser é importante e não existe essa coisa de mulher boa pra namorar e outras que podem ser tratadas como prostitutas Geni, boas somente para cuspir.

Os artistas têm papéis fundamentais na sociedade pois são formadores de opinião, dão forma aos sentimentos e criam espaço para a criatividade se expandir, por isso é fundamental que essa limpeza da cultura do machismo e da violência de gênero seja forte e prioritária nesse meio. Compartilhem, se solidarizem, se posicionem, vamos banir todo tipo de violência contra a mulher da sociedade! Sororidade!! Se uma mulher sofre todos sofremos! O planeta chora.[258]

Em seguida, ao tomar conhecimento, por um amigo, da denúncia, o acusado postou uma longa declaração em seu Facebook, começando por reafirmar sua perspectiva de alinhamento com os pleitos identitários e acabando por, a um tempo, pedir desculpas se eventualmente magoou alguém, mas não reconhecendo a veracidade dos fatos narrados na denúncia.[259] A combinação de desculpas difusas e negação de culpa concreta produziu uma avalanche de comentários contrariados pelo fato de ele estar "deslegitimando o relato da vítima", e outros, em menor quantidade, apontando as inconsistências do texto e criticando a adesão irrefletida à denúncia. O caso teve repercussão local, em Belo Horizonte, sendo comentado em diversas *timelines*, gerando tuítes, memes difamatórios, convocações para atos coletivos contra o acusado, pedidos de boicote profissional contra ele e até ameaça de violência física. Alguns dias depois, o acusado mudou a postura, apagou a declaração anterior e soltou a seguinte e sucinta nota:

Prezados amigos do Facebook,
 Em 8 de março, tomei ciência, por intermédio de um amigo, da divulgação de post narrando fatos ofensivos e inverídicos a meu respeito. O relato é fantasioso e trata de fatos que jamais aconteceram. Não posso aceitar essas

agressões. Entendo que a rede social não é o meio adequado para desmascarar e rechaçar tais alegações. Por isso, tomei as providências necessárias para punir os infratores na Justiça. Eles estão sujeitos aos rigores da lei, por trocarem a liberdade de expressão pela infâmia e calúnia.
    Qualquer novidade a respeito manterei vocês informados.
Gustavo Amaral[260]

Depois disso, como de hábito, a treta da vez nas redes sociais foi perdendo força e caiu no esquecimento. O processo jurídico, da suposta vítima contra o acusado, e vice-versa, continua a correr na justiça, sem uma sentença até o momento em que escrevo. A dinâmica do caso é semelhante à de outras denúncias de abuso sexual em meios digitais e incorre nas mesmas questões que examinamos no caso anterior – exceto que a gritante inconsistência dessa acusação acaba por tornar mais evidente a lógica dos grupos identitários digitais inorganizados, permitindo-nos compreendê-la melhor.
    A vasta adesão a uma acusação de uma fragilidade que chega a cruzar a fronteira do ridículo evidencia a presença de uma lógica que não é a do juízo refletido sobre um mero caso particular, dedicado a julgar sua procedência por seus traços internos. Afinal, as acusações centrais se resumem a duas: 1) a de "estupro de vulnerável", isto é, a de ter deliberadamente proposto à acusadora a inalação de um óleo de massagem, que, uma vez aspirado, fez com que ela passasse "a se sentir tonta, mais excitada e se deu conta de que estava fazendo sexo oral nele" (o parágrafo primeiro do artigo 217 diz que também é estupro de vulnerável fazer qualquer tipo de sexo – vaginal, oral, anal etc., seja entre heterossexuais ou homossexuais, masculinos ou femininos – "com alguém que, por enfermidade ou deficiência mental, não tem o necessário discernimento para a prática do ato, ou que, por qualquer outra causa, não pode oferecer

resistência"); e 2) a de transmissão dolosa de DST, no caso, o vírus HPV, que teria sido contraído pela denunciante em virtude da prática de sexo oral sem preservativo.

É importante observar que a segunda acusação pretende retirar sua legitimidade da primeira, sem a qual ficaria muito difícil obscurecer o princípio elementar segundo o qual a responsabilidade pelo uso de preservativos é de ambos os envolvidos no ato sexual. Assim, o suposto doping, também supostamente doloso, é mobilizado para justificar a acusação de transmissão dolosa de DST, já que a denunciante não estaria em condições de exercer sua liberdade e responsabilidade quanto ao uso do preservativo. Ocorre que o depoimento é de uma fragilidade impossível de não ser notada por um exame dedicado exclusivamente à sua narrativa interna. Para começar, é inverossímil a existência dessa substância que, apenas inalada à distância (uma vez que seu uso direto é na pele do outro), provoca tontura e excitação, ao ponto de a pessoa que a inala de repente se "dar conta" de que está praticando sexo oral em outra. Alegadamente "muito comum no meio musical", não se tem entretanto notícia de um único músico que a conheça. Note-se ainda que a denunciante não tem certeza do que está falando. Essa hipótese de ela ter sido drogada foi especulada por seus advogados. Contudo, alegando estar suficientemente drogada para não ser responsável por ter praticado sexo oral, e sem preservativo, a denunciante se lembra de uma verruga identificada no pênis do acusado, e se lembra ipsis litteris da resposta dele, indagado sobre a dita verruga: "já fui ao médico várias vezes, não é nada". Completando a série de inconsistências do relato, a denunciante conta ter tido problemas no útero em decorrência do contágio, quando, entretanto, segundo ginecologistas que entraram na discussão, é controverso que o vírus do HPV, se contraído por via oral, possa produzir manifestações no útero. A dúvida científica, contudo, foi solapada pela convicção política.

A partir desse ponto, seguem-se acusações de ordem mais puramente moral: a de que o acusado não foi solidário com a denunciante, nem psicológica nem materialmente, e só concordou em encontrá-la após ser ameaçado, por um movimento chamado "Polvo", de ter sua denúncia tornada pública. Tudo isso – agora a acusação passa a ser do blog As Minas do Carnaval de Belô – comprova que o acusado, um músico de esquerda da cena independente de Belo Horizonte, ligado à religiosidade de matriz oriental, "é uma farsa, e que se envolve com a espiritualidade, a fé, os movimentos sociais e a tradição, bem como se apropria das mídia independentes somente como trampolim para disseminação e expansão do seu campo de relações abusivas e tóxicas". E assim as leitoras do relato podem se sentir mais seguras, por terem desmascarado "a falta de caráter" desse sujeito, e com isso podem "escolher com mais consciência banir tudo em que ele estiver envolvido". No fim, um pedido de "Sororidade!! Se uma mulher sofre todos sofremos".

Mas essas acusações morais não são menos problemáticas do que as anteriores, de natureza criminal. Da perspectiva do acusado, admitindo-se a possibilidade de o relato ser fantasioso, ele não teria por que ser solidário a alguém que o incrimina falsamente. Nessa perspectiva, *ele* seria a vítima. E que tenha recuado em face à ameaça de um movimento chamado "Polvo", isso evidentemente não comprova qualquer culpa; a intimidação pode tê-lo feito procurar um acordo. Por fim, é puramente especulativa a afirmação de que o acusado "se apropria das mídia independentes somente como trampolim para disseminação e expansão do seu campo de relações abusivas e tóxicas" – sendo que esse plural final é uma generalização que o relato, por si, não sustenta.

Quando evoco a "perspectiva do acusado", retornamos ao problema central, e possivelmente irredutível: em que palavra acreditar, nesses casos? Como argumentei no caso anterior, me parece que estamos diante de uma espécie de aporia, em que o princípio do equilíbrio formal (com a consequente suspensão do juízo) acaba por ratificar uma assimetria efetiva (o valor inferior da palavra da mulher pela sociedade e pelas instituições envolvidas no processo jurídico), enquanto, ao mesmo tempo e por outro lado, a adesão incondicional à palavra da vítima incorre em potencial injustiça quanto ao indivíduo particular que é acusado. Nenhuma das ações é destituída de uma potencial dimensão de injustiça. No caso desse relato particular, entretanto, a adesão ao discurso da vítima é especialmente problemática, porque ela não incorre apenas em uma potencial injustiça – entretanto impossível de ser verificada –, mas em uma muito provável injustiça, examinadas a extrema inverossimilhança e inconsistência da acusação. Nos termos das teorias da justiça, o que ocorre nesse caso não é exatamente uma "justiça procedimental imperfeita".[261] Essa expressão designa os mecanismos jurídicos, como ampla defesa e direito ao contraditório (que também podem ser mecanismos de julgamentos morais da sociedade), por meio dos quais se procura garantir as maiores chances de que julgamentos produzam justiça – mas sem que haja garantia absoluta de que os mecanismos mais adequados produzirão os resultados mais adequados. Não; o que ocorre nesses casos de adesão incondicional à palavra da vítima, a contrapelo das evidências, é a instauração de uma justiça procedimental *deliberadamente* imperfeita, isto é, o estabelecimento assumido de meios que não são os mais adequados para se chegar a um resultado justo relativamente ao caso concreto em questão. Pois se parte da premissa de que o sistema jurídico também não opera estritamente segundo as regras da justiça procedimental imperfeita, uma vez que fatores extrínsecos a esses procedimentos – fatores consequentes da cultura patriarcal – os distorcem e impedem que eles operem no sentido de ter as maiores chances de produzir resultados justos. O objetivo dessa estratégia, portanto, é produzir maior justiça estrutural, respondendo a uma imperfeição cínica com uma imperfeição assumida, e não importando que, dessa forma, se incorra em injustiça particular. Em outras palavras, à percepção de que os direitos das mulheres são fragilizados, responde-se com a fragilização dos direitos dos homens, em vez da luta pelo reforço aos direitos de todos.

Eis algumas das reações (que representam a tendência geral) à primeira declaração do acusado, quando reconheceu a perspectiva identitária e demonstrou solidariedade, afirmando contudo a falsidade das acusações: "Cê tá falando então que é tudo mentira! Entendi!"; "Deslegitimando relato da vítima! Ok, entendi!"; "A moça então mentiu! Ah tá! E dá-lhe passar pano!"; "A culpa é da vítima, sempre é! PUTA Q PARIU!"; "Acredito no depoimento da vítima" etc. Há mulheres e homens que desafinaram o coro e procuraram instaurar a dúvida ou relativizar o princípio de sororidade (por exemplo: "Nem a vítima falou que tem certeza que foi dopada. [...] ela e o advogado levantaram essa hipótese"; "Vc é juíza, delegada? Estava lá? Viu tudo? [...] se nenhuma dessas respostas é afirmativa, desculpe, eu acho que não é de sua alçada. Para isso temos justiça"; "Não é porque eu sou mulher que tenho que concordar obrigatoriamente com outra mulher"). Para esses, a resposta é quase sempre: "Pare de passar vergonha, miga, vc é mulher como nós". Ou: "Como se já não bastasse homem duvidando. Olha honestamente vai tomar no cu". No limite, se lança a carta da tenebrosa estrutura machista do país: "A cada dois minutos, uma mulher é estuprada no Brasil. Uma mulher é morta a cada duas horas no Brasil" etc. E com essa carta voltamos ao centro da nossa aporia entre a estrutura e o particular.

Mas, além disso, há ainda a dinâmica dos grupos digitais inorganizados. É oportuno aprofundar esse ponto.

Em seu ensaio "Psicologia de grupo e a análise do ego", Freud oferece uma interpretação para o comportamento tendencial dos indivíduos quando estão agindo como parte de um grupo. A premissa fundamental é a de que os indivíduos se unem em grupos – inorganizados e sem liderança, no caso dos grupos digitais que estamos analisando – a partir de uma identificação entre si com determinada ideia (no caso, as lutas identitárias). Essa identificação grupal é uma espécie de máquina de reconhecimento, que propicia as recompensas narcísicas decorrentes dele. Ora, os indivíduos do grupo tendem a não querer abrir mão desse reconhecimento (a tendência, acredito, é mais forte proporcionalmente à centralidade que essa identificação ocupa no sistema psíquico do sujeito), e assim apresentam uma "compulsão a fazer o mesmo que os outros, a permanecer em harmonia com a maioria".[262] Inversamente, e pela mesma razão, uma pessoa identificada ao objeto do grupo tenderá a evitar contrariá-lo frontalmente, mesmo quando atacada pelo grupo. Na expressão de Freud, ela agirá assim *ihnen zu Liebe*,[263] "pelo amor deles", ou seja, para não perder o reconhecimento do grupo. Foi o que fez o acusado do caso que estamos examinando: mesmo sem admitir a veracidade das acusações, pediu uma desculpa genérica e difusa, para não ser expulso do grupo. Isso não costuma adiantar, porque está em jogo uma dinâmica de reafirmação dos laços identitários que exige uma exclusão para se instaurar. Pois se, como observa ainda Freud, "o líder ou a ideia dominante poderiam também ser negativos"[264] (isto é, "o ódio contra uma determinada pessoa ou instituição poderia funcionar exatamente da mesma maneira unificadora e evocar o mesmo tipo de laços emocionais que a ligação positiva"),[265] podemos argumentar que se pode usar essa oposição ou exclusão não apenas para instaurar, mas também para *reafirmar* os laços do grupo, e produzir as consequentes recompensas narcísicas de reconhecimento recíproco. Assim, se o indivíduo acusado tivesse imediata e plenamente suas desculpas aceitas, a dinâmica de redistribuição de reconhecimento pela confirmação da identificação do grupo seria encerrada, com perda de prazer para os envolvidos.

Seja como for, as citações de Freud à obra célebre de Gustave Le Bon são inequivocamente esclarecedoras da lógica do grupo. Eis a tendência a não duvidar, mesmo de relatos bastante inconsistentes, como o que estamos examinando: "[...] o improvável não existe para ele [isto é, para o grupo]".[266] Quanto às eventuais *passagens ao ato* dos linchamentos digitais, Le Bon identifica "a tendência a transformar imediatamente as ideias sugeridas em atos".[267] No caso em questão, houve quem escrevesse: "Tem que pegar esse cara é de porrada. Um verme que faz isso não merece viver" (embora essa conduta não seja de modo algum representativa). Ainda sobre a recusa a duvidar ou mesmo a admitir a dúvida alheia: "se uma suspeita é expressa, ela instantaneamente se modifica numa certeza incontrovertível".[268]

Entretanto, a dimensão de irreflexão e autossugestionamento característica dos grupos não dá conta da totalidade do problema. Não é, a meu ver, nem sua dimensão principal. Esta é política. Retornemos à nossa aporia. A afirmação da sororidade incondicional, bem como, nesse caso, a afirmação da prática da exposição pública de uma pessoa meramente acusada (e de forma tão frágil), em contraste com o anonimato garantido à denunciante, confirma que se assume o princípio de correção de um desequilíbrio estrutural (o haver machismo) por meio da instauração de um desequilíbrio particular (expor o acusado, preservar a acusadora). Claro, são verdadeiras as razões para se proteger a denunciante ("você sabe por que existem denúncias anônimas? Você sabe como é difícil para uma mulher relatar um abuso que tenha sofrido? Como é também uma superexposição, um sofrimento, um diagnóstico de um corpo que foi abusado e tudo mais?"), mas também são verdadeiras aquelas para proteger o denunciado (a potencial injustiça em jogo). Entretanto, o pensamento é: se a *estrutura* tende a cometer *injustiças machistas*, é justo cometer eventuais *injustiças feministas* com homens *particulares*. É uma concepção de justiça utilitarista que, como tal, não reconhece direitos individuais fundamentais, como presunção de inocência. E parece renunciar completamente a uma perspectiva de justiça universal, assumindo a perspectiva de uma justiça irredutivelmente política, justiça de grupos minoritários, que deve se realizar às expensas dos direitos dos mais privilegiados. É o que o seguinte comentário traduz, de forma clara: "Linchamento virtual assim como na vida real acontece com vulneráveis e não com empresas e indivíduos que gozam de privilégios raciais, de classe e gênero". Isto é, pode-se linchar à vontade um indivíduo, desde que ele não pertença a uma minoria. A sua condição estrutural o justifica, mesmo que ele não reproduza, por seus atos (ao menos não em uma intensidade proporcional à violência de um linchamento), sua estrutura de origem.

Compreende-se, portanto, essa perspectiva: diante da aporia de uma dupla impossibilidade (equilíbrio formal tende a reproduzir injustiça; desequilíbrio efetivo corre o risco de produzi-la), o grupo escolhe a que favorece sua luta. Cabe perguntar, entretanto, se não seria politicamente produtivo atacar, não indivíduos particulares, mas a estrutura que reproduz as práticas machistas. Isso seria obviamente mais justo, no sentido de procedimentos menos sujeitos a produzir novas injustiças. Alvos concretos e particulares são sempre um alvo mais fácil, porque mais visíveis e mais vulneráveis. Contudo é possível identificar a estrutura, revelar seus mecanismos, responsabilizá-la e lutar por sua transformação. Trocando em miúdos, nos casos de denúncia, em vez de dar visibilidade imediata às acusações, talvez seja melhor criar "observatórios de processos" que lutem por instituições públicas que respeitem a palavra da mulher (como as Delegacias da Mulher), que lutem por representatividade radical nas demais instituições envolvidas nesses processos (Ministério Público e juízes), que acompanhem eventuais repercussões do caso na imprensa (exigindo uma conduta equilibrada, ouvindo ambos os lados, sem favorecimento), que denunciem quaisquer distorções identificadas no decorrer do processo – que procurem garantir, em suma, a abolição do desequilíbrio institucional que está na origem da estratégia de assumir potenciais injustiças contra indivíduos.

O caso Idelber Avelar

No final de 2014, o professor brasileiro Idelber Avelar, que leciona na Universidade de Tulane, em Nova Orleans, nos Estados Unidos, sofreu denúncias anônimas de assédio sexual por meio de um Tumblr que continha, além de depoimentos de mulheres que se diziam vítimas, *printscreens* de diálogos eróticos realizados no serviço de mensagens privadas do Facebook.[269] Uma das mulheres afirmava ter 15 anos quando começaram suas conversas com o professor. Anunciado em primeira mão pelo blog da professora feminista Lola Aronovich, da Universidade Federal do Ceará, que apoiou as denunciantes e o teor das denúncias, o Tumblr logo viralizou na internet, num primeiro momento produzindo debates exaltados nas *timelines* do próprio Facebook e no Twitter de leitores de Idelber Avelar, cuja atuação na web é destacada desde a primeira geração dos blogs, tornando-o um dos expoentes do debate intelectual brasileiro no meio digital. Depois de se tornar um *trending topic* nas redes, a discussão chegou à grande imprensa, em reportagens de *O Globo* e da *Folha de S.Paulo*.

Na esteira das denúncias iniciais, surgiram outras, também publicadas no blog de Lola Aronovich, dessa vez acusando o professor de oferecer orientação a alunos "em troca de encontros noturnos e jantares...", afirmando que esse comportamento configura um padrão na sua atividade profissional.[270] Depois de uma semana de silêncio e ainda em meio ao tiroteio verbal, Idelber Avelar publicou uma resposta às acusações, defendendo a lisura de sua trajetória no magistério; observando a inexistência de quaisquer denúncias assinadas; afirmando serem "completamente mentirosos" dois dos relatos do Tumblr e propositalmente inexato um *printscreen*; garantindo terem sido consensuais as interações; garantindo também ter terminado a conversa com a menor por sua própria iniciativa, ao saber da idade dela; atribuindo as denúncias a uma combinação entre ressentimentos pessoais e políticos; e, finalmente, anunciando que entrara com ações cível e criminal, "tanto pela violação de privacidade como pela difamação".[271]

Os três relatos publicados no Tumblr eram explícitos em suas denúncias. No relato 1, a acusação era de assédio ao longo das mensagens privadas ("tocou o foda-se e continuou o assédio mesmo assim"). No relato 2, o professor era novamente acusado de assédio ("o cara se transformou de alguém que eu admirava, achava legal e comecei a sentir tesão, para um *stalker*, assediador") e de abuso psicológico ("Imagine você sem experiência em abuso psicológico, ouvir esse tipo de coisa de um cara 20 anos mais velho"). No relato 3, as acusações eram de manipulação ("me senti usada e manipulada por ele desde o início") e de agir como um "predador sexual" ("Espero que essa exposição de um predador sexual sirva para salvar outras mulheres"). Entre os relatos 2 e 3 havia uma interpolação intitulada "Julgamentos", em que uma voz em terceira pessoa – indicando assim não se tratar de uma das autoras dos relatos – acusava Idelber repetidamente de assédio, abuso e uso de "sua posição e de sua liberdade como um ativista de esquerda para se aproximar das mulheres".

À luz exclusivamente das informações apresentadas no Tumblr, tanto nos depoimentos como nos *printscreens*, é a princípio evidente a inconsistência da acusação principal de assédio. Assédio sexual, crime tipificado no artigo 216-A, alteração, em

2001, do decreto-lei nº 2 848, de 1940, é definido da seguinte maneira: "Constranger alguém com o intuito de obter vantagem ou favorecimento sexual, prevalecendo-se o agente da sua condição de superior hierárquico ou ascendência inerentes ao exercício de emprego, cargo ou função". A relação de Idelber Avelar com as autoras dos relatos em questão não era a de "ascendência inerente ao exercício de emprego", logo o crime de assédio sexual está descartado. Entretanto, no relato 3, essa linha *pode* ter sido cruzada: a autora conta que Idelber Avelar, já em um contexto de sedução, lhe sugeriu candidatar-se a um mestrado na universidade onde leciona ("Disse que era muito fácil estudar lá, só que eu precisava ter o contato certo, alguém pra me guiar"), o que é passível de ser interpretado como favorecimento ilegítimo, num contexto público e profissional, "com o intuito de obter vantagem sexual". Seja como for, ela não oferece qualquer prova dessa afirmação.

Assédio, pura e simplesmente, acusação que aparece repetidas vezes nos relatos do Tumblr, designa toda forma de abordagem insistente que não respeita a recusa por parte do outro. Ora, a julgar pelas interações manifestas, não há como alegar que houve assédio, uma vez que em nenhum momento, rigorosamente, segundo contam os relatos e mostram os *prints*, houve desrespeito à recusa. A autora do relato 3 diz ter imaginado que se "desse um não rotundo ele ia parar", mas prossegue a conversa até decidir: "deletei o contato dele do MSN". Daí em diante, não há insistência. A autora do relato 2, tendo alegadamente recebido uma inadvertida *selfie* de um pênis ereto, responde "em tom de brincadeira" e continua a conversa. Em nenhum momento diz *não* e, portanto, não é desrespeitada em sua recusa. A certa altura, a autora do relato 1 diz ter ficado "com nojo" e dado "um basta", decisão igualmente acatada.

O problema aqui, portanto, já se deixa revelar: trata-se de compreender por que, a contrapelo das evidências manifestas de interações consensuais, as mulheres se dizem assediadas e se veem como vítimas. As acusações têm em comum a perspectiva da fragilidade psicológica. Mas abuso psicológico e manipulação são, a princípio, fundamentalmente diversos de assédio. Este último situa o acusador como um sujeito livre, em plena posse de sua autonomia, porém impedido de exercer sua liberdade de recusa por outro sujeito – por isso abusivo, opressor. Mas se dizer psicologicamente abusado e manipulado implica a estranha admissão (ou reivindicação) de que não se está em plena posse de sua autonomia.

Já a expressão "predador sexual", em si mesma, fora do contexto de abuso de poder característico do crime de assédio sexual, só pode ser vista como acusação de uma perspectiva moralista. Fora dessa perspectiva, e dentro das balizas do consentimento, todo homem tem o direito de exercer a sua sexualidade como bem entender. Entretanto importa notar que é uma acusação análoga às demais quanto à perspectiva, pois também incide sobre o desejo do outro, no lugar de incidir sobre o próprio desejo, isto é, do acusador, que assim mais uma vez se situa como objeto fragilizado. Finalmente, a acusação de uso de "sua posição e de sua liberdade como um ativista de esquerda para se aproximar das mulheres" configura uma atitude punitiva ao mero exercício do desejo do outro, sem relação com um desrespeito aos direitos, isso é, com uma violação da liberdade de quem quer que seja. É a rigor impossível para alguém não usar sua posição na economia social e imaginária para se aproximar de outras pessoas, simplesmente porque não se pode deixar de ser o que se é.

O Tumblr foi claramente composto com uma intenção de complementaridade, em que os *prints* das conversas deveriam provar as acusações dos relatos. Mas o que se verifica não é isso. Foi a cantora e então colunista da revista *Carta Capital* Karina Buhr quem o identificou da maneira mais precisa:

Vejo nos *prints* dois tipos de comportamento. O do cara dominador, opressor, ameaçador (exposto até agora em forma de fetiches sexuais). O das mulheres dominadas e exercendo poder no jogo também, no lugar de sujeitos de suas vontades, seus tesões, sejam lá quais. De repente, quando entram os relatos, elas aparecem como vítimas, desamparadas, humilhadas, ofendidas, abusadas.[272]

E prossegue:

Nos diálogos todas as mulheres parecem gostar bastante do jogo e participam ativamente dele, como indivíduos livres, dividindo os mesmos tipos de gostos, de forma, sim, consensual. O que fez ser tratado como não consensual foi o fato delas falarem depois, nos relatos, que se sentiram abusadas.[273]

Ou seja, o assédio, a manipulação, o abuso são *efeitos* da passagem, por alguma razão realizada pelas mulheres, de sujeito do seu desejo a vítima do desejo do outro.

De fato, ao longo dos *prints*, no único momento em que uma mulher pede que uma conduta não se repita (declarando-se incomodada em ser chamada de "tesuda"), é prontamente atendida. Que as evidências do caráter consensual das trocas não tenham sido interpretadas desse modo por muitos, isso se deve, como observou Karina Buhr, a que os relatos (não por acaso colocados antes dos *prints*, na ordem da leitura) induzam a essa interpretação. É preciso portanto tentar responder a essa pergunta: *o que faz com que esses relatos interpretem a experiência manifestamente consensual dos* prints *como um abuso?*

Para tanto, um desvio se faz necessário.

No começo de 2017 foi publicado, nos Estados Unidos, o livro *Unwanted advances: sexual paranoia comes to Campus* [Avanços indesejados: a paranoia sexual vem ao Campus], da professora feminista Laura Kipnis. O livro é uma mistura de ensaio e relato de tribunal. No caso, o tribunal em curso nas universidades daquele país, fruto de uma mudança recente numa legislação específica para os campi. Um tribunal que só produz julgamentos de exceção, mantidos na obscuridade porque se revelam insustentáveis sob o escrutínio público. Laura Kipnis compara o que está acontecendo nessas universidades a momentos inglórios da história dos Estados Unidos, momentos de delírio coletivo nos quais perseguições e punições são instauradas por meras delações, os indivíduos perdem direitos fundamentais, as instituições fraquejam e reina uma violência arbitrária e oficialmente sancionada. Diferentemente de Salem no século XVII, ninguém ainda foi queimado vivo. Mas só literalmente falando.

O livro nasceu de um caso concreto, que envolveu a própria autora. No começo de 2015, ela publicou, num veículo de sua universidade, Northwestern (onde dá aulas de cinema), um artigo sobre o que ela identificava como uma onda de paranoia sexual nas universidades estadunidenses. A autora criticava uma recente mudança na legislação, que, combinada a certa perspectiva feminista, vinha "infantilizando os estudantes", elevando o "clima de acusação" e "aumentando largamente o poder dos administradores da universidade sobre nossas vidas".[274] Explico. Já há várias décadas existe nos Estados Unidos uma legislação federal chamada Title IX, sob responsabilidade do Departamento de Educação, e originalmente criada para regular questões de igualdade de gênero nas universidades. Em 2011, entretanto, promoveu-se uma mudança na lei, que passou a abranger também problemas de relações sexuais nos campi: desde estupros, passando por qualquer forma de avanços sexuais indesejados, até o mero uso de linguagem sexual.

Concomitante a essa mudança na lei, se estabeleceu nas universidades, segundo Kipnis, uma perspectiva feminista que enfatiza a passividade da mulher, sua fragilidade, sua posição desfavorecida nas relações de poder, e, assim, a consequente exposição a manipulações psicológicas e até a incapacidade de dar consentimento a relações heterossexuais. Era essa a articulação criticada por Laura Kipnis em seu artigo. A legislação imprecisa e *overreaching*, somada à perspectiva passiva da mulher, teria criado um clima de paranoia sexual nas universidades.

Semanas após a publicação do texto ela recebeu um comunicado da universidade dizendo que duas alunas haviam instaurado um processo contra ela, no âmbito da legislação Title IX. Sublinhe-se: um processo contra um artigo. As práticas de *no platform*, como vimos, não são novidade. Mas, quer concordemos com elas ou não, elas se voltam contra falas preconceituosas, contra posições cerceadoras de direitos, contra visões antimodernas, tradicionalistas, desigualitárias. Nesse caso, alunas feministas tentavam censurar ideias de uma professora feminista. Ideias que também defendiam valores como igualdade e defesa de liberdades – mas que, justamente, denunciavam a distorção desses valores nas práticas feministas dominantes nas universidades atuais. Além do processo, houve um protesto no campus contra o artigo. As estudantes marcharam até a reitoria[275] e exigiram uma "condenação pronta e oficial"[276] do texto.

Foi a partir desse episódio que Kipnis tomou contato com o mundo secreto da Title IX. A notificação do processo vinha acompanhada de um ameaçador aviso de confidencialidade, sob pena de expulsão da universidade. À medida que a ação foi se desdobrando, a autora percebeu que estava distante dos termos de um *due process*; antes se descobriu diante de um julgamento de exceção, em que o acusado não sabe quais acusações pesam contra ele até o momento de ser interrogado; não tem direito a ser acompanhado por um advogado; não pode gravar as sessões; em algumas universidades não pode sequer apresentar material (como mensagens privadas) em seu favor; não pode confrontar testemunhas; e não pode falar publicamente sobre o caso. A confidencialidade seria portanto uma estratégia de intimidação por parte dos acusadores e de blindagem por parte dos burocratas que o conduzem. Assim, com medo, nenhum professor antes havia tornado público um processo como esse. O livro de Kipnis abriu a caixa de Pandora.[277]

O sentido geral do livro é o de uma denúncia grave. A distorção radical de determinados problemas e princípios instaurou, segundo a autora, uma dimensão de exceção na vida universitária, em que professores e alunos (quase sempre homens) são severamente punidos em julgamentos farsescos, de cartas marcadas. O campus se tornou "uma secreta cornucópia de acusações".[278] E essas acusações são tratadas como verdades acima de qualquer suspeita, não importando o quanto as evidências concretas atestem sua inconsistência. Por trás de tudo, uma questão econômica impele os processos nesse sentido: o Departamento de Educação do governo federal ameaça retirar o financiamento das universidades complacentes com os casos de Title IX, pressionando-as a acatarem os processos e efetivarem punições.

Nesse clima, pululam casos como os seguintes. Um estudante de graduação que entrou com uma ação contra uma professora por ela ter dançado "muito provocativamente"[279] numa festa *off-campus*. Uma professora que levou um processo acusada de ter feito "contato visual suspeito"[280] com duas estudantes de graduação, enquanto sussurrava em seus ouvidos (detalhe: isso se deu numa biblioteca). O caso em que um aluno e uma aluna tiveram sexo consensual, mas uma terceira pessoa avistou uma mancha roxa (o popular "chupão") no pescoço dela e entrou com um processo de abuso sexual, mesmo contra o interesse da aluna (o rapaz, negro, foi suspenso por vários anos e teve sua carreira como atleta encerrada).[281] Etc. etc.

É nesse contexto que, num plano ainda mais estapafúrdio, vêm ocorrendo os casos que já citei. Aqueles em que a mera linguagem sexual, em situação *descritiva*, é acusada de abuso, como tem acontecido na Universidade de Columbia, onde, segundo a professora de direito Jeannie Suk Gersen, alunos estão se recusando a estudar a legislação sobre estupro, alegando que podem ficar traumatizados. E professores são instados a dar *trigger warnings* quando forem tratar de matérias com conteúdo sexual ou violento. Ou, em outra universidade, o caso do professor punido por ter usado, numa questão de prova, a palavra "genitália" em um exemplo de depilação pubiana. A própria Kipnis recebeu um comunicado interno de Northwestern recomendando aos professores "evitar fazer referências a partes do corpo".[282]

Mas, como sempre, são os casos-padrão os mais reveladores (os caricatos são, afinal, supostamente a exceção). E é um deles o centro do livro de Kipnis.

Um professor de filosofia de Northwestern foi acusado por uma estudante de a ter estuprado. Eis o contexto. Professor e aluna (ela era aluna da mesma universidade, mas não dos cursos dele) mantiveram uma relação amorosa durante três meses. A estudante negaria isso, diria que a relação era estritamente de amizade e orientação intelectual. Entretanto há dezenas de mensagens de texto dela para ele provando o contrário: "Eu te amo", "Te amo tanto", "nós fomos feitos um para o outro" etc. Certa noite, eles haviam bebido e tiveram uma discussão (porque a aluna tinha um namorado fora da cidade e estava em dúvida sobre com quem ficar). A aluna acusa o professor de tê-la estuprado nessa noite, porque acordou na cama dele, sem roupa. Ela *não se lembra* se houve sexo, mas acha que houve, e acha que ela não consentiu.

Pois bem, o professor foi dormir num hotel nessa noite, por causa da briga. Ele apresentou o recibo do pernoite no hotel. Apresentou também as mensagens dela no dia seguinte, mensagens amorosas, que nada revelam de anormal.[283] E o que faz a juíza do caso? Conclui que houve estupro. Antes de o processo chegar ao fim, o professor, totalmente estigmatizado no campus, pediu sua demissão, foi morar no México e teve sua carreira universitária encerrada.

Pode-se dizer então que, para Kipnis, o que está acontecendo é da ordem de uma *profecia autocumprida*. Existe uma ideia de fundo: "sexo é perigoso, pode traumatizar para sempre",[284] que, articulada a essa perspectiva feminista que enfatiza a fragilidade e passividade, e somada ainda aos julgamentos de exceção (com os aspectos econômicos aí envolvidos: possível perda financeira para as universidades tomadas como complacentes e provável ganho financeiro para os acusadores), acaba *produzindo* episódios de "abuso sexual", que de outro modo não seriam assim considerados. "Quanto mais se reforçam essas narrativas de passividade feminina, mais frágeis as mulheres se sentem",[285] argumenta Kipnis. E com isso toda a percepção sobre a experiência sexual é alterada, produzindo episódios de supostos abusos sexuais que jamais seriam assim percebidos, muito menos aceitos como tais.

É esse o contexto do problema das retiradas retrospectivas de consentimento. Para essa perspectiva feminista, em uma sociedade patriarcal, as condições de declaração de consentimento são estruturalmente ilegítimas, logo a mulher nunca pode estar certa sobre o consentimento que ela mesma proferiu em dado momento, e portanto pode concluir, *après coup*, que não desejava tê-lo proferido, pode retirá-lo retrospectivamente – e assim todo homem que fez sexo consentido com uma mulher pode de repente descobrir que a estuprou. Com efeito, um blog feminista aqui no Brasil promoveu uma enquete entre suas participantes com a seguinte questão: "Se um homem faz sexo, a mulher quer parar, mas não tem coragem de dizer, e o ato continua até o final, isso é estupro?". Nota-se de cara a expressão "se um homem faz sexo", que pressupõe a anulação absoluta do desejo feminino. É o homem que está fazendo sexo, a mulher é apenas objeto dele. A formulação da pergunta corresponde precisamente aos efeitos da perspectiva feminista criticada por Laura Kipnis: a mulher não tem desejo ("se um homem faz sexo") e não tem autonomia para manifestá-lo ("quer parar, mas não tem coragem de dizer"). A pergunta propõe, desse modo, a curiosa noção de "estupro culposo". Até onde vi, o placar da enquete contava cerca de 70% dos votos para "Não. Pois não creio que manter penetração seja estupro". Ainda assim, 30% pensavam que "Sim. Estupro culposo, não doloso".

Tudo isso revela que triunfou nos campi americanos atuais o ideário das *radfems* dos anos 1980. Foi nessa década que se começou a desenhar essa zona nebulosa da experiência heterossexual, ao mesmo tempo em que a sexualidade era vista como o lugar central em que se exerce a dominação masculina. Articuladas as coisas, as relações heterossexuais são constitutivamente opressivas, não importando se consentidas, uma vez que as condições da produção de consentimento são ilegítimas. Com efeito, um *paper* de estudante que circulou em Harvard nos anos 1980 anunciava a nova perspectiva. Intitulado "Calling it rape" [Chamando de estupro], ele tinha como objetivo alertar colegas sobre a possibilidade de estupros fundados em mal-entendidos verbais. Eis o exemplo apresentado pelo trabalho. Uma mulher e um homem estão vendo um filme. Ele começa a se insinuar para ela. A mulher não tem vontade de transar. Como a situação progride, ela diz, num último esforço de comunicar sua falta de entusiasmo: "se você quer fazer amor comigo, use um preservativo". Ele interpreta isso como um sim, mas na realidade é um não. Pois bem, segundo o texto, o que aconteceu, com ou sem preservativo, foi um estupro.[286]

Essa é a perspectiva que instaurou o que Elisabeth Badinter identificou como "lógica do amálgama". Essa substituição do critério do consentimento como linha divisória entre o aceitável e o inaceitável por uma zona nebulosa da experiência heterossexual, doravante constitutivamente suspeita, é obra de feministas radicais como Andrea Dworkin e Catharine MacKinnon:

> Até aqui, o ponto de vista dos homens foi o de fazer uma distinção nítida entre o estupro, de um lado, e as relações sexuais, de outro; o assédio sexual, de um lado, e o erotismo, de outro; a pornografia ou a obscenidade, de um lado, e o erotismo de outro. O ponto de vista masculino é definido pela distinção. A experiência das mulheres não permite distinguir tão claramente os eventos ordinários, normais, dos abusos [...]. Nossa posição é que a sexualidade que toma precisamente essas formas ordinárias nos estupra frequentemente.[287]

Está aí, com todas as letras: eventos sexuais normais (isto é, consentidos) não são claramente distintos de abusos sexuais. Isso porque as mulheres não têm autonomia para dar consentimento, mas também porque a origem dos abusos não está na violência, e sim, constitutivamente, na experiência heterossexual. Afinal, a imposição física só faz sentido como critério de definição de abuso se também o fizer a noção de consentimento, contra a qual ela, precisamente, se impõe. Ao contrário, para as *radfems*, o problema não é a violência, mas o próprio sexo: "enquanto continuarmos a dizer que essas coisas são abusos enraizados na violência, e não no sexo [...] nós deixaremos a linha entre estupro e relações sexuais, pornografia e erotismo lá mesmo onde ela foi traçada".[288]

Que é o lugar de onde ela nunca deveria ter saído.

Agora podemos voltar ao caso deixado em suspenso e responder à pergunta proposta: o que fez com que os relatos interpretassem a experiência manifestamente consensual dos *prints* como um abuso? À luz da argumentação de Laura Kipnis e da exposição da perspectiva inaugurada pelas *radfems*, penso que a interpretação, por parte das próprias acusadoras, do que lhes aconteceu nas interações eróticas com Idelber Avelar tem como causa um conjunto de ideias sobre a distribuição de poder numa sociedade patriarcal, sobre o modo como essa distribuição fragiliza a posição da mulher em relações heterossexuais, corrói sua autonomia, lhe dificulta, consequentemente, a capacidade de manifestar uma recusa ao consentimento e, no limite, torna ilegítimas as condições de manifestação de quaisquer consentimentos – podendo os mesmos, por isso, serem retirados retrospectivamente. O que está em jogo não é uma condenação da violência, mas uma suspeita difusa sobre *toda* experiência heterossexual. E uma vez que essa série de consequências tem uma assimetria de poder na origem, é automática a conclusão de que elas se agravam mais em contextos de relações entre professores e alunas (ou aspirantes a intelectuais, ou qualquer mulher para quem um professor universitário influente no debate público assoma como uma figura de poder). Tudo somado, o caso Idelber Avelar bem poderia constar no livro de Kipnis, exceto que seu julgamento foi nas redes sociais, não nos tribunais administrativos das universidades (apesar de tudo, melhor para ele).

Ora, nada há de anormal em que um sistema de ideias determine o modo como interpretamos as experiências que nos acontecem. É assim em geral. O que cabe fazer é criticar esse ideário, avaliar tanto a sua pertinência descritiva quanto as suas consequências sociais.

Nesse sentido, é preciso iluminar mais de perto a noção de poder. Já vimos que, em Foucault, ela significa governo, controle, limitação, rebaixamento. Não há dúvidas quanto a que a condição de homem, em nossas sociedades patriarcais contemporâneas, detenha em alguma medida esse poder sobre a condição de mulher.[289] Essa situação produz um desequilíbrio estrutural. Mas há outro sentido no poder. O poder nem sempre é negativo, limitador, controlador; ele também pode ser criador, possibilitador, expansivo, afirmativo. Nesse caso, a força em questão nem deve ser chamada de poder, e sim de potência.

É preciso, ao mesmo tempo, saber separar as coisas, e saber ver que elas podem operar simultânea e contraditoriamente. Meu ponto, trocando em miúdos, é o seguinte. Quando uma pessoa se relaciona com alguém "com poder", ela não o faz somente por masoquismo, por uma coerção difusa ou por qualquer perspectiva que anule seu próprio desejo; e sim porque esse poder lhe trará diversos benefícios: aumentar sua capacidade de agenciamentos, sua riqueza material ou subjetiva, seu status social etc. Como observa Laura Kipnis, "sejamos honestos. É um fato conhecido (embora, para alguns, impalatável) que mulheres heterossexuais são frequentemente atraídas pelo poder masculino, e para mulheres intelectuais ambiciosas de inclinação heterossexual, isso inclui poder intelectual masculino".[290] Ou seja, há o desejo da mulher inserido nesse processo. Inserido afirmativamente: há um desejo de poder, poder em sentido positivo, de ampliação de possibilidades de efetivação de suas potências.

A mulher não é necessariamente apenas vítima da relação de poder. Ela pode ser também sujeito dessa relação. Isso por si só torna problemática a perspectiva que identifica exclusivamente a fragilidade da mulher nas relações heterossexuais. E mais ainda se acrescermos que o poder é antes múltiplo, heterogêneo, do que unívoco e unilateral. Há diversas formas de poder. Aquelas, digamos, socialmente congênitas à condição de homem são só uma parte delas. Há a beleza, a juventude, o dinheiro, a inteligência, o talento, a estrutura imaginária do sujeito, entre tantos outros traços que alteram a economia do poder e não são necessariamente prerrogativas masculinas. No fim das contas, relações de poder são mais complexas e menos unilaterais do que propõe a perspectiva feminista aqui em questão.

A rigor, seria preciso dar ainda um passo atrás e procurar empregar o termo poder com maior exatidão. Para a linha filosófica que vai de Espinosa a Deleuze, poder e potência são duas coisas diferentes. O "poder" não é meramente a efetivação de uma potência, e sim a efetivação de uma potência que impede os outros de efetivarem as suas próprias potências. Desse modo, se é correto afirmar que em culturas patriarcais são garantidas aos homens melhores condições para a efetivação de suas potências, logo piores condições para as mulheres (e isso é uma relação social estrutural de poder entre os gêneros) – por outro lado, em relações particulares esse poder estrutural não necessariamente se efetiva. Quando, numa relação heterossexual, um homem em posição de poder não o exerce, mas as potências que ele foi capaz de realizar propiciam que uma mulher também realize as suas, o que se tem não é uma relação de poder, mas uma relação de potências. Permanece válida, é verdade, a assimetria estrutural de poder e sua potencial efetivação. Mas, então, o caminho é lutar contra esse desequilíbrio estrutural, garantindo igualdade de condições entre os gêneros para a efetivação de suas potências – e não denunciar homens apenas por suas potências, sem que tenham exercido poder, propriamente; isto é, subjugação, coerção, ameaça, em suma, qualquer forma de impedir que uma mulher efetue suas potências. Toda forma de poder, estrutural ou individual, deve ser combatida, e isso vale para os âmbitos privados e não institucionais (é o melhor entendimento da fórmula de Carol Hanisch, "o pessoal é político").[291] Mas não se deve confundir poder com potência e punir esta em nome daquele.

Nesse sentido, afirmações como "todo homem é um potencial violador" produzem confusão e tendem a conduzir a resultados injustos. É verdade que as condições gerais da construção da masculinidade incluem a coisificação da mulher, e isso, articulado à maior força física e à autoafirmação do gênero masculino por meio do sexo, cria as condições necessárias para violações. Mas entre essas condições e sua efetivação, entre a potência e o ato, vai uma distância enorme. A formulação "todo homem é um potencial violador", articulada por sua vez a denúncias de atos de natureza diversa (como, nesse caso, relações consensuais), sugere a supressão desse intervalo. Isso é falseador.

Para a perspectiva feminista que venho criticando, não valem o desejo de potência da mulher, nem suas qualidades, que alteram a economia de forças da relação. Ignora-se também a diferença entre poder e potência. A assimetria estrutural é percebida como um bloco homogêneo, unilateral e determinista. Finalmente, confundem-se relações sexuais e relações de gênero. Desse modo, não é o consentimento que define se o sexo foi ou não consensual, mas sim o contexto: se houver disparidades na situação de poder, uma mulher não tem condições de dar o seu consentimento, mesmo que o dê – e assim pode retirá-lo retroativamente. Consequentemente, nunca poderá haver legítimo consentimento no contexto de uma sociedade patriarcal, e todo homem é, não apenas potencialmente, mas no fundo um estuprador. Assim como toda mulher é, no fundo, estuprada. A cada vez. Sempre. É uma maldição lançada sobre a experiência da sexualidade e do amor heterossexuais.

Opondo-se a esse estado de coisas, Badinter, Kipnis e tantas outras feministas propõem uma perspectiva que volte a enfatizar a agenda da mulher dona de seu desejo, empoderada, lutando por igualdade – em vez de, como um personagem nietzschiano, dedicar-se a exercer um poder triste, persecutório, punitivo, por meio do papel do desempoderamento.

O caso Idelber Avelar ainda tem outro aspecto importante. Um aspecto complicador do imbróglio, e seu elemento verdadeiramente obsceno, sem o qual, é de se suspeitar, o caso não teria adquirido tais proporções. O grão de escândalo dos *prints* não foi a profanação do espaço erótico privado, a revelação crua e cruel da intimidade do sexo e das fantasias que o sustentam, mas sim a natureza dessas fantasias e o contraste radical entre as figuras pública e privada de Idelber Avelar que elas trouxeram à tona. O então professor de esquerda, sempre lutando, em plena luz dos espaços públicos, o chamado "bom combate", alinhado à causa feminista e de todas as minorias, de repente apresentou, sob a penumbra das mensagens privadas, uma fantasia sexual que é uma espécie de teatro regressivo, rodriguiano, em que o corno é um personagem central, o "Ricardão" (encarnado por ele mesmo) é o outro, e as mulheres são putas, vagabundas e piranhas. Não faltam nem o policial traído que se torna um "corno amansado" (tendo antes ameaçado a mulher com uma arma na cabeça) nem as evangélicas pudicas que se transformam em "putas" para completar a citação, repetindo o sistema de reversões das personagens do dramaturgo que tinha orgulho de se definir como "reacionário".

Essa transformação aos olhos do público de Dr. Jekyll em Mr. Hyde foi difícil de digerir. Para todos: os envolvidos diretamente no episódio e os politicamente interessados nele. "Corno", "Ricardão", "puta" e "vagabunda" representam uma compreensão perfeitamente conservadora dos papéis de gênero, ratificando a heterossexualidade compulsória, a monogamia (pois sua "infração" produz um "corno" e uma "piranha"), os códigos de honra machistas, a condenação social à liberação sexual feminina etc. Nesse ponto concordo com Lola Aronovich, para quem o termo "corno" "não deveria constar do vocabulário de um feminista".[292]

A cumplicidade das mulheres acusadoras com essa fantasia politicamente regressiva reforça, agora sob outra perspectiva, a leitura de que suas acusações são antes efeitos de uma interpretação posterior do que descrições pertinentes das interações. Pois é possível interpretar nos relatos do Tumblr a passagem de sujeito do desejo a vítima de manipulação como o efeito de um sentimento de culpa causado pela compactuação desejante com uma fantasia sexual conservadora. Afinal, o pessoal é político. Admitindo-se essa leitura, o enfrentamento do outro com o público, por meio do *outing*, substituiu e encobriu o enfrentamento do sujeito com o próprio desejo e suas eventuais implicações políticas. Assim, as denunciantes teriam expiado sua culpa por meio da politização pública da intimidade. Digo, da intimidade do outro, já que no mesmo passo eximiram-se de qualquer responsabilidade no compartilhamento dessa intimidade ao se declararem manipuladas e assediadas. Colocar-se no lugar do manipulado é uma maneira de se eximir da responsabilidade por ter participado da fantasia sexual regressiva. *Não posso admitir que esse desejo é meu, logo fui manipulado.* Essa leitura é reforçada pelo seguinte trecho, do mesmo relato: "Imagine se sentir culpada por estar traindo alguém que possivelmente sequer sonha com o que acontece debaixo do próprio nariz?". Pois eis o destino que teve essa culpa.

Pouco mais de dois anos depois da publicação do Tumblr que deu origem ao seu julgamento público, Idelber Avelar obteve, em dezembro de 2016, uma retratação oficial por parte das duas mulheres que o denunciaram (e foram mantidas anônimas). Em seu termo de declaração,[293] as duas declarantes dizem não ter sido responsáveis pela publicação do Tumblr com suas conversas privadas com Idelber Avelar; dizem desconhecer a autoria dos relatos que acompanharam os *prints*, que são portanto falsos; dizem não ter nem mesmo vazado esses *prints* para terceiros, e aventam a possibilidade de tudo ter sido obra de "hackers". Admitem ainda que os *prints* publicados foram editados, "mediante a supressão de trechos e mensagens que eram essenciais para a compreensão do contexto do diálogo". Declaram que nunca tiveram qualquer contato pessoal com o acusado. E por fim "declaram, peremptoriamente, que não foram assediadas por Idelber Avelar em nenhuma das vezes em que se comunicaram com ele; todas as conversas, sempre travadas por meio eletrônico, ocorreram consensualmente e, na maior parte das vezes, foram iniciadas pelas declarantes, e não por Idelber Avelar".

A vitória do acusado na justiça não tem o valor de *última palavra* fora do âmbito legal. A justiça oficial não instaura uma perspectiva absolutamente neutra capaz de arbitrar a controvérsia. Ao contrário, ela é, desde o início, parte do problema: uma instância percebida pelas mulheres como reprodutora do machismo estrutural da sociedade.[294] Enquanto ela não for reformada (por medidas como composições paritárias em todas as suas instâncias), e enquanto o machismo seguir sendo a ideologia dominante na sociedade, continuará sendo percebida assim.

Voltamos, com isso, ao ponto onde parecemos girar em falso: as estruturas machistas institucionais e sociais fazem com que determinados feminismos desenvolvam premissas e métodos para os quais, em nome do combate à estrutura, indivíduos particulares devem ser combatidos, sendo submetidos ao crivo de uma perspectiva simetricamente oposta à do machismo estrutural. Nesse processo, todo indivíduo vem sendo reduzido à sua estrutura de origem: em princípio, ele a reproduz, e de nada valem, nas situações concretas, as evidências atenuantes, relativizantes, complexificadoras ou mesmo absolvedoras – deve-lhes ser imposto o mesmo tratamento que a estrutura machista reserva às mulheres.

Isso é justo? Essa é a última pergunta que este livro tentará responder.

Conclusão

Este livro cumpriu, resumindo-o ao máximo, o seguinte percurso. Começou apresentando as autoimagens culturais do Brasil, desde a sua independência, passando pela formação da ideia de cultura popular brasileira, até chegar a uma transformação da cultura em política, configurando, nesse último e atual estágio, uma autoimagem do país mais do que diversa, *contrária* mesmo àquela dominante ao longo do século XX. Da mistura às identidades. Do encontro à separação. Da cordialidade ao confronto.

Em seguida analisou as condições de formação de um novo espaço público, onde essa outra autoimagem se consolidou. Os fatores que o propiciaram foram: as jornadas de junho de 2013, com sua *explosão de autonomia popular* (como as definiu o filósofo Paulo Arantes),[295] que tornaram a sociedade irreversivelmente indócil; o colapso do lulismo, entendido este último como o correlato político-institucional da cordialidade na cultura; e a emergência das redes sociais digitais, com o conjunto de características que lhes são próprias.

Nesse novo espaço, os movimentos sociais identitários sistematizaram e intensificaram suas lutas, tornando-se um de seus traços mais definidores (junto à polarização político-ideológica que foi se estabelecendo a partir de 2014-2015 e chegou ao auge durante o processo de impeachment da ex-presidenta Dilma Rousseff). Realizamos uma breve análise teórica dos fundamentos desses movimentos, por meio das categorias de *poder* (em Foucault) e *reconhecimento* (na esteira da matriz hegeliana). Estabelecidas, através delas, a pertinência e a legitimidade das lutas identitárias, examinamos ainda a crítica ao fato de que tenham secundarizado as disputas socioeconômicas e, por fim, discutimos a aparente contradição do projeto de enfatizar a identidade para atingir a universalidade.

Cumprido o percurso histórico-teórico, iniciou-se a parte propriamente crítica, por meio do estudo de casos concretos. Nessa parte, minha análise, por um lado, voltou a confirmar a pertinência de algumas premissas fundamentais das lutas identitárias (como a que considera a língua uma instância reprodutora de preconceitos e, assim, a transforma num campo de disputa; ou como aquela, evidente, que identifica um machismo social estrutural a influenciar comportamentos institucionais e individuais), bem como de alguns de seus operadores conceituais (como o de *apropriação cultural*). Por outro lado, questionou algumas premissas ("não se pode duvidar da vítima", "é preciso ter empatia com as vítimas", "todo homem é um potencial estuprador", entre outras) e os métodos consequentes (basicamente, inverter o sentido dos efeitos do machismo estrutural e submeter indivíduos homens a julgamentos morais desequilibrantes, nos quais evidências concretas são solapadas em nome de um alinhamento incondicional às denúncias de mulheres). Vimos ainda a origem daquelas premissas, que por sua vez justificam essas práticas, remontando-as às ideias de feministas radicais dos anos 1980. O fato de já termos visto tudo isso de perto me permite o caráter radicalmente elíptico desse parágrafo.

Pois bem, chego agora ao que considero o objetivo fundamental deste livro. Os pontos de extrema dificuldade a que a análise da maior parte dos casos conduziu podem ser sintetizados da seguinte maneira: é legítimo agir "injustamente" (isto é, de forma desequilibrante) em resposta a estruturas de poder que tornam injustas situações experimentadas cotidianamente por minorias? As aspas em "injustamente" se devem a que, nesse momento, o termo foi usado em sentido formal – o aludido desequilíbrio –, cabendo precisamente decidir se essa injustiça formal é *legítima*, isto é, justa, em um sentido último. Ao passo que, ao contrário, as estruturas de poder tornam injustas, sem aspas, a experiência das minorias, pois instauram um desequilíbrio original. Minha resposta a essa questão recorrerá – como, me parece, não poderia deixar de ser – a ideias e autores fundamentais da história das teorias da justiça.

Reafirmo, em primeiro lugar, que são justas as ações desequilibrantes em âmbito institucional, uma vez que seu objetivo último é instaurar um sistema social justo, isto é, igualitário, no qual ele se encontra pervertido pelo poder. Nesse sentido, são legítimas e desejáveis todas as ações que tenham como objetivo pressionar comportamentos institucionais a fim de que se tornem igualitários, mesmo que, para tanto, indivíduos pertencentes a segmentos privilegiados de poder tenham suas expectativas reduzidas, ou seja, suas oportunidades e acessos submetidos a um tratamento desequilibrante em seu prejuízo. Inscrevem-se nesse campo inúmeras agendas, como sistemas de cotas raciais em universidades e quaisquer órgãos públicos; exigência de composições paritárias de gênero também em quaisquer órgãos públicos; pressão em empresas privadas por representatividade de minorias em seus quadros de funcionários; exigência do fim das discriminações salariais entre homens e mulheres; exigência de legislações (como licença paternidade) com o objetivo de tornar igualitárias as funções domésticas do homem e da mulher com filhos pequenos; exigência de um funcionamento institucional justo em casos de denúncias de estupro, assédio sexual, violência doméstica etc.

Alguns dos casos aqui estudados apresentaram práticas dessa ordem, como a crítica, promovida com base no conceito de apropriação cultural, a empresas privadas que comercializam bens culturais de larga contribuição dos povos negros excluindo os mesmos dos benefícios simbólicos e materiais advindos desse uso. Ou as críticas pertinentes feitas ao clipe de Mallu Magalhães, críticas que denunciam e procuram reformar um sistema de representação reprodutor de preconceitos naturalizados. Ou mesmo, no caso das marchinhas, as críticas a formulações preconceituosas, tomada a língua aqui, portanto, como uma instituição social fundamental.

Por outro lado, *não são justas as ações desequilibrantes voltadas contra indivíduos*. Não apenas por serem contra indivíduos, mas por serem, ao mesmo tempo, contra indivíduos e desequilibrantes. Não são aceitáveis, portanto, as práticas aqui examinadas, como as que denunciam comportamentos individuais e ao mesmo tempo exigem que essas denúncias sejam incondicionalmente acatadas, em deliberado prejuízo dos indivíduos acusados, que se veem, desse modo, moralmente condenados de saída, de nada valendo as circunstâncias específicas pelas quais foram denunciados. Pois, diferentemente das instituições, os indivíduos não necessariamente reproduzem as discriminações de que são acusados, não devendo ser punidos por elas, a menos que as evidências indiquem o contrário.

Me parece possível dizer, nos termos das teorias da justiça, que a perspectiva feminista que procede assim incorre numa espécie de *utilitarismo*. Para a concepção utilitarista de justiça, os direitos dos indivíduos podem ser sacrificados em nome de um benefício coletivo. Como sintetiza John Rawls, tratando das obras de Hutcheson, Mill e Sidgwick, entre outros: "a violação da liberdade de poucos [...] pode ser justificada pelo bem maior compartilhado por muitos".[296] É precisamente isso o que acontece nos casos aqui examinados, em que dúvidas não são permitidas, nem tampouco suspensões de juízo, menos ainda análise equilibrada do contraditório, e assim denúncias a princípio inconsistentes são sumariamente acatadas. Nesses casos, indivíduos estão sendo instrumentalizados a serviço de um benefício coletivo.

O machismo estrutural faz de muitas mulheres vítimas individuais, reais. Faz também com que elas se sintam intimidadas em denunciar, uma vez que sua palavra tende a ser desqualificada tanto nas instâncias institucionais quanto nas sociais (a opinião pública). E faz com que muitos homens permaneçam impunes e voltem a cometer os mesmos crimes. Tudo isso é real, dramático e não pode ser diminuído. Por isso a perspectiva feminista aqui analisada parece considerar que uma eventual injustiça, mesmo uma *provável* injustiça impingida a um indivíduo homem particular (sumariamente condenado nos tribunais do reconhecimento), tem valor menor do que uma eventual injustiça, mesmo uma *improvável* injustiça impingida a uma mulher – pois que a mulher já é, nesse contexto, o lado mais fraco da corda.

Compreende-se essa maneira de pensar. Volto a dizer: não podemos estabelecer meramente princípios de justiça formal sobre situações de desequilíbrios históricos. Não se pode simplesmente exigir que minorias obedeçam a princípios formais, ignorando seus contextos de ação. Como observa Rawls, "o dever de obedecer é problemático para minorias permanentes que sofreram injustiças por muitos anos".[297] Com efeito, há todo um campo da justiça que lida com os problemas relativos às condições em que desobediências às leis devem ser consideradas legítimas (é a "teoria da obediência parcial", diferente portanto das "teorias da obediência estrita", cabíveis em sociedades cujas estruturas institucionais básicas operam dentro de parâmetros aceitáveis de justiça). Pois "não é possível estar obrigado a instituições injustas, ou pelo menos a instituições que excedam os limites da injustiça tolerável".[298] Mas tudo isso diz respeito a desobediências diante de instituições – não a violações de direitos fundamentais dos indivíduos.

Contra essa espécie de utilitarismo que consiste em instrumentalizar a vida de indivíduos particulares em nome de uma causa coletiva, penso que o momento exige afirmar o imperativo categórico segundo o qual "cada pessoa possui uma inviolabilidade fundada na justiça, que nem o bem-estar de toda a sociedade pode desconsiderar".[299] Como se sabe, foi Kant quem primeiro formulou e fundamentou esse imperativo categórico. Ele começa propondo a necessidade de identificar alguma coisa "cuja existência em si mesma tenha um valor absoluto", e que, desse modo, "como fim em si mesma, possa ser o fundamento de determinadas leis".[300] Pois "nessa coisa, e somente nela, é que estará o fundamento de um possível imperativo categórico, quer dizer, de uma lei prática".[301] E em seguida identifica o que é esse valor absoluto: o ser humano, que portanto "existe como fim em si mesmo, e não apenas como meio para o uso arbitrário dessa ou daquela vontade".[302] Daí segue, como corolário, o imperativo categórico segundo o qual se deve agir "de tal maneira que possas usar a humanidade, tanto em tua pessoa como na pessoa de qualquer outro, sempre e simultaneamente como fim e nunca simplesmente como meio".[303]

Portanto, como arremata Rawls (também ele um defensor desse imperativo categórico): "Em uma sociedade justa, as liberdades fundamentais são inquestionáveis e os direitos garantidos pela justiça não estão sujeitos a negociações políticas nem ao cálculo dos interesses sociais".[304]

É preciso dizer com todas as letras: as ações, mesmo as que visam objetivos finais justos, que se autorizam a instrumentalizar indivíduos para atingir esses objetivos, essas ações são típicas de sistemas totalitários. Essa articulação, que estamos vendo em muitos casos, entre identificação coletiva, lógica de grupo, envolvimento emocional (empatia), dogmatismo e instrumentalização dos indivíduos invariavelmente produziu momentos de graves injustiças. Que os movimentos identitários abandonem essa forma de ação e não instrumentalizem indivíduos em nome de suas justíssimas lutas, é o que defende este livro.

Por outro lado, defende também ser preciso que o conjunto da sociedade tenha consciência quanto à justiça das reivindicações desses movimentos, sempre que se trate de lutas por igualdade. As condições sociais extremamente injustas sob as quais vivemos instauram um campo de possibilidades sujeito a todos os tipos de violência. Enquanto essas condições não forem profundamente modificadas, pedir às pessoas que sofrem graves injustiças cotidianas "ponderação", "civilidade" ou obediência a um imperativo categórico tem algo de inútil, e até de ridículo. Um ganho de consciência em larga escala da justiça dos pleitos identitários contribuirá para que as condições de injustiça social sejam modificadas. É pelo que eles lutam.

Agradecimentos

Pelas conversas e pelos estímulos, agradeço a Alvaro Jorge, Eduardo Heck de Sá, Eduardo Socha, Julia Bosco, Lais Almeida, Maria Marighella e Miguel Jost.

Pela leitura dedicada deste livro, pelas sugestões, críticas e indicações de textos, registro minha grande gratidão a Bárbara Bulhosa, Carla Rodrigues e Marcos Lacerda.

Pelas conversas, sucessivas leituras, sugestões, críticas e pelos permanentes apoio e encorajamento, meu agradecimento a Ana Lycia Gayoso.

Nenhum dos acima citados tem qualquer responsabilidade sobre o conteúdo deste livro.

Notas

1. FOUCAULT, Michel. "O sujeito e o poder". In: DREYFUS, Hubert L.; RABINOW, Paul. *Michel Foucault:* uma trajetória filosófica. Para além do estruturalismo e da hermenêutica. Rio de Janeiro: Forense Universitária, 2009.
2. Ibid.
3. HONNETH, Axel. *Luta por reconhecimento:* a gramática moral dos conflitos sociais. São Paulo: Editora 34, 2003, p. 220.
4. Ibid., p. 220.
5. Apud RISÉRIO, Antonio. *A utopia brasileira e os movimentos negros.* São Paulo: Editora 34, 2007, p. 359.
6. CASTELLS, Manuel. *Redes de indignação e esperança:* movimentos sociais na era da internet. Rio de Janeiro: Zahar, 2013.
7. Junto à ação intensa e sistemática dos movimentos identitários, sua outra principal característica é a polarização ideológica, política e partidária. Como se sabe, a polarização se formou a partir das eleições presidenciais de 2014 e se agravou durante o processo de impeachment da presidenta Dilma Rousseff – não tendo se esvaziado até o presente momento.
8. Cf. RONSON, Jon. *So you've been publicly shamed.* Nova York: Riverhead Books, 2015. E-book, cap. IV.
9. Ibid., cap. IV.
10. <www.youtube.com/watch?v=qBQMNwfnjlE&t=5s>.
11. Ver link acima.
12. É como Freud define esse tipo de formação coletiva em seu "Psicologia de grupo e a análise do ego". In: FREUD, Sigmund. *Edição Standard brasileira das obras psicológicas completas de Sigmund Freud.* Rio de Janeiro: Imago, 2006, v. XVIII.
13. BLOOM, Paul. *Against empathy:* the case for rational compassion. Nova York: Harper Collins, 2016. E-book, cap. I.
14. Ibid., cap. I.
15. BADINTER, Elisabeth. *Fausse Route.* Paris: Odile Jacob, 2003, p. 12.
16. Ibid., p. 24.
17. Ibid., p. 17.

18. Ibid., p. 33.
19. RUBIN, Gayle. "Pensando o sexo: notas para uma teoria radical das políticas da sexualidade". Disponível em: <https//repositorio.ufsc.br/bitstream/handle/123456789/1582/gaylerubin.pdf?sequence=1>.
20. DWORKIN, Andrea. *Intercourse*. Nova York: Perseus, 1987. E-book, cap. IX.
21. Ibid. O argumento tem um problema lógico. O controle sexual da mulher pelo homem é um dos pilares do patriarcado; ora, a liberação sexual da mulher realiza, em si mesma, uma fragilização do patriarcado; logo as mulheres sexualmente liberadas (nesse sentido do espírito dos anos 1960) são causa e *efeito* desse patriarcalismo erodido.
22. Ibid. O texto é dos anos 1980, mas o argumento é perfeitamente atual.
23. DWORKIN, Andrea. Op. cit., capítulo IX.
24. Cf. KOJÈVE, Alexandre. *Introduction à la lecture de Hegel. Leçons sur la Phénoménologie de l'Ésprit, professés de 1933 à 1939 à l'École des Hautes Études réunies et publiées par Raymond Queneau*. Paris: Gallimard, 1947, p. 18.
25. "Cada consciência persegue a morte da outra." BEAUVOIR, Simone. *L'invitée*. Paris: Gallimard, 1943.
26. Ver, por exemplo, PUTNAM, Robert. *Bowling Alone:* the collapse and revival of american community. Nova York: Simon & Schuster, 2000. E-book.
27. Ibid., cap. I.
28. RISÉRIO, Antonio. Op. cit., p. 325
29. DAVIS, Angela. *Mulheres, raça e classe*. São Paulo: Boitempo, 2016. E-book, cap. XI.
30. Ibid., cap. XI.
31. Ibid., cap. XI.
32. Ibid., cap. XI.
33. RISÉRIO, Antonio. Op. cit., p. 112.
34. Ibid., p. 112
35. KEHL, Maria Rita. "A frátria órfã". In: KEHL, Maria Rita (Org.). *A função fraterna*. Rio de Janeiro: Relume Dumará, 2000.
36. PUTNAM, Robert. Op. cit., cap. I.
37. A profunda transformação pela qual passou o MinC sob as gestões de Gilberto Gil e Juca Ferreira, entre 2002 e 2010, confirma essa leitura: o ministério passou a se orientar por uma noção abrangente de cultura, incluindo em suas políticas públicas (tanto na condição de coautores como na de beneficiários) grupos identitários, povos indígenas, "mídias independentes", movimentos ligados ao direito à cidade, em suma, um conjunto de atores para os quais cultura e política estão inextricavelmente ligados.
38. RISÉRIO, Antonio. Op. cit., p. 15
39. Post no Facebook de 17 de fevereiro de 2017.
40. Ver nota 10.

41. Ver nota 10.
42. KANT, Immanuel. Op. cit., p. 49.
43. ALENCAR, José de. *O guarani*. São Paulo: Ateliê Editorial, 2014, Epílogo.
44. VESPÚCIO, Américo. *Novo mundo:* as cartas que batizaram a América. Org. Eduardo Bueno. São Paulo: Planeta, 2003.
45. Na verdade, essa é a expressão por meio da qual se popularizou o trecho original, em que ela não consta, propriamente: "E em tal maneira é graciosa que, querendo-a aproveitar, dar-se-á nela tudo, por bem das águas que tem".
46. CANDIDO, Antonio. "Literatura e subdesenvolvimento". In: *A educação pela noite e outros ensaios*. São Paulo: Ática, 1989, pp. 141-2.
47. O contra-hino nacional seria "Asa branca", com sua natureza desoladora, por isso mesmo talvez relegada a um lugar um pouco mais baixo, "regional", no panteão das canções mais representativas do país.
48. CANDIDO, Antonio. Op. cit., p. 141.
49. Ibid., p. 140.
50. Ibid., p. 142.
51. Ibid., p. 140.
52. PRADO JR., Caio. *Formação do Brasil contemporâneo*. São Paulo: Brasiliense, 1979, p. 356.
53. CANDIDO, Antonio. Op. cit., p. 142.
54. ZWEIG, Stefan. *Brasil, um país do futuro*. Porto Alegre: L&PM, 2006. E-book, Introdução.
55. Falar em "centralidade da *cultura* na autoimagem *cultural*" de um país não é um pleonasmo. Outros países não têm na cultura a sua autoimagem cultural. Segundo a escritora Naomi Klein, por exemplo, "quando você pergunta para os canadenses o que é a identidade canadense, o que é ser canadense [...], o que respondem é: 'nosso sistema público de saúde, nosso sistema público de educação e o nosso sistema público de comunicação'". Ver entrevista de Naomi Klein em: CULT 20 anos: melhores entrevistas. Org. Daysi Bregantini e Welington Andrade. São Paulo: Autêntica, 2017.
56. TOCQUEVILLE, Alexis de. *De la démocratie en Amérique*. Paris: Flammarion, 1981, v. 1, p. 91.
57. WISNIK, José Miguel. *Veneno-remédio:* o futebol e o Brasil. São Paulo: Companhia das Letras, 2008, p. 404.
58. FREYRE, Gilberto. *Casa-grande & senzala*. In: *Intérpretes do Brasil*. Org. Siviano Santiago. Rio de Janeiro: Nova Aguilar, 2002, v. 2, p. 435.
59. WISNIK, José Miguel. Op. cit., p. 406.
60. "Contrametricidade" designa o mesmo fenômeno que "síncope", isto é, a acentuação rítmica de uma nota que não coincide com a do tempo forte do compasso. Essa prática é comum nas experiências rítmicas africanas

e irregular no contexto da tradição da música europeia. O termo "contrametricidade" evita a carga etnocêntrica da palavra "síncope", geralmente definida, por musicólogos europeus, como deslocamento da acentuação métrica "normal" (ver, por exemplo, o *Harvard Dictionary of Music*, de Willi Apel, ou o *Dictionnaire de la Musique*, de Marc Honegger).

61. Cf. MAMMÌ, Lorenzo. "João Gilberto e o projeto utópico da bossa nova". In: *A fugitiva:* ensaios sobre música. São Paulo: Companhia das Letras, 2017.
62. SCHWARZ, Roberto. "Verdade tropical: um percurso de nosso tempo". In: *Martinha versus Lucrécia*. São Paulo: Companhia das Letras, 2012, p. 55.
63. Ibid., p. 55.
64. Ibid., p. 55.
65. VELOSO, Caetano. *Verdade tropical*. São Paulo: Companhia das Letras, 1997, p. 64.
66. MOTA, Carlos Guilherme. *Ideologia da cultura brasileira (1933-1974)*. São Paulo: Editora 34, 2008, p. 153.
67. Ibid., p. 114.
68. Ibid., p. 98.
69. ZWEIG, Stefan. Op. cit., Introdução.
70. Ibid., cap. 1: "História".
71. MOTA, Carlos Guilherme. Op. cit., p. 70.
72. SOUZA, Jessé. *A tolice da inteligência brasileira – ou como o país se deixa manipular pela elite*. São Paulo: Leya, 2015, p. 80.
73. Ibid., p. 45.
74. Ibid., p. 30.
75. WISNIK, José Miguel. Op. cit., p. 412.
76. A frase é de Millôr Fernandes.
77. <www1.folha.uol.com.br/fsp/ilustrad/fq2612200408.htm>.
78. AB'SABER, Tales. "A voz de Lula". In: *Serrote*, revista de ensaios do Instituto Moreira Salles, n. 10.
79. A frase é do romance *Memórias de um sargento de milícias* (1854), de Manuel Antônio de Almeida.
80. KEHL, Maria Rita. Op. cit.
81. Ibid.
82. KAMEL, Ali. *Não somos racistas*. Rio de Janeiro: Nova Fronteira, 2006, p. 26.
83. Ibid., p. 35
84. Ibid., p. 35.
85. Ibid., p. 36.
86. *Lula de pelúcia* é o nome de uma obra do artista Raul Mourão.
87. SINGER, André. *Os sentidos do lulismo:* reforma gradual e pacto conservador. São Paulo: Companhia das Letras, 2012. E-book, cap. 3.

88. Em setembro de 2017, o instituto de pesquisa World Wealth and Income Database divulgou estudo que contraria o índice de Gini, apresentando a conclusão de que a desigualdade de renda no Brasil não caiu entre 2001 e 2015. Conforme reportou matéria da *Folha de S.Paulo*, segundo a pesquisa, os 10% mais ricos da população aumentaram sua fatia na renda nacional de 54% para 55%, enquanto os 50% mais pobres ampliaram sua participação de 11% para 12% no período. O crescimento econômico brasileiro durante esses anos teve pouco impacto na redução da desigualdade porque foi capturado principalmente pelos 10% mais ricos, que ficaram com 61% da expansão, enquanto a metade mais pobre da população foi beneficiada com apenas 18% dos ganhos. A discrepância entre esse estudo e outras avaliações, como a do índice de Gini, pode se dever ao fato de que sua metodologia é baseada em declarações de imposto de renda, incapazes de captar as alterações na faixa mais pobre da população, que não declara imposto. Ver <www1.folha.uol.com.br/paywall/signup.shtml?http://www1.folha.uol.com.br/mercado/2017/09/1916858--desigualdade-no-brasil-nao-caiu-desde-2001-aponta-estudo.shtml>.
89. Ibid., Introdução.
90. Ibid., Introdução.
91. Ibid., Introdução.
92. A suspeita se confirmou acertada: alguns anos depois, o estado do Rio de Janeiro, sede da Copa do Mundo e das Olimpíadas, faliu (devido a fatores como corrupção em larga escala e política econômica de desonerações tributárias voltada para o interesse de grupos particulares), deixando servidores públicos e até aposentados sem receber seus vencimentos.
93. BRANT, João. *Política e comunicação nas jornadas de junho:* uma análise sobre os protestos de junho de 2013 no Brasil e sua relação com as mídias tradicionais e a internet. Ford Foundation, 2013, p. 27.
94. Apud BRANT, João. Op. cit., p. 22.
95. NOBRE, Marcos. *Imobilismo em movimento:* da abertura democrática ao governo Dilma. São Paulo: Companhia das Letras, 2013, p. 143.
96. Ibid., p. 147.
97. Ibid., p. 145. "Pemedebismo" é o conceito de Marcos Nobre que remonta à atuação do PMDB no contexto da Constituinte de 1987/1988, no sentido de controlar os anseios democráticos da sociedade, representados, naquele processo, por organizações sociais, sindicatos e manifestações populares. Teria nascido aí "a primeira figura da blindagem do sistema político contra a sociedade". Desse modo, o conceito de pemedebismo se refere, por extensão, à lógica do funcionamento do Congresso que perpetua esse objetivo.
98. <https://eleicoes.uol.com.br/2014/noticias/2014/10/06/fhc-pt-cresceu--nos-grotoes-porque-tem-voto-dos-pobres-menos-informados.htm>.

99. A hipótese é de André Singer. "Subproletariado", por sua vez, é um conceito de Paul Singer, que por ele designa a "sobrepopulação trabalhadora superempobrecida permanente", nos termos de André Singer (Op. cit., Introdução). Ver, a propósito, SINGER, Paul. *Dominação e desigualdade:* estrutura de classe e repartição de renda no Brasil. Rio de Janeiro: Paz e Terra, 1981.
100. GOMES, Wilson. *A política na timeline:* crônicas de comunicação e política em redes sociais digitais. Salvador: EDUFBA, 2014, p. 255.
101. Ibid., p. 256.
102. Apud GOMES, Wilson. Op. cit., p. 256.
103. Ibid., p. 257.
104. CASTELLS, Manuel. Op. cit., p. 12.
105. Ibid., p. 12
106. Ibid., p. 25.
107. Ibid., p. 29.
108. Ibid., p. 50.
109. BRANT, João. Op. cit., p. 29.
110. Evidentemente, a crise do jornalismo é mundial e se deve sobretudo à insustentabilidade de seu modelo de negócios a partir do desenvolvimento da web. Mas o papel da grande mídia brasileira tem sido muito criticado desde junho de 2013, fazendo-a perder credibilidade e assinantes.
111. Editorial de 28/07/2013.
112. Manchete de 27/07/2013.
113. A manchete saiu no portal G1 em 09/02/2014.
114. JAMESON, Fredric. "Periodizando os anos 60". In: HOLLANDA, Heloísa Buarque de (Ed.). *Pós-modernismo e política.* Rio de Janeiro: Rocco, 1991, p. 86.
115. SAFATLE, Vladimir. "Por um conceito 'antipredicativo' de reconhecimento". In: *Revista Lua Nova* (on-line), n. 94, 2015.
116. Ibid.
117. Ibid.
118. SCHWARZ, Roberto. "Cultura e política (1964-1969)". In: *As ideias fora do lugar:* ensaios selecionados. São Paulo: Companhia das Letras, 2014.
119. KRÜGER, Cauê. "Impressões de 1968: contracultura e identidades". In: *Acta Scientiarum. Human and Social Sciences* (On-line), v. 32, pp. 139-45, 2010.
120. Ibid.
121. HONNETH, Axel. Op. cit., p. 220.
122. KOJÈVE, Alexandre. Op. cit., p. 13.
123. Ibid., p. 14.
124. Ibid., p. 13.
125. Ibid., p. 14.

126. ELLISON, Ralph. *Invisible Man*. Nova York: Random House, 1952. E-book, prólogo.
127. Ibid.
128. HONNETH, Axel. Op. cit., p. 216.
129. Ibid., p. 257.
130. Ibid., p. 257.
131. FOUCAULT, Michel. Op. cit.
132. Ibid.
133. Ibid.
134. Ibid.
135. Ibid.
136. Ibid.
137. SAFATLE, Vladimir. *A esquerda que não teme dizer seu nome*. São Paulo: Três Estrelas, 2012, p. 21.
138. Ibid., p. 21.
139. Ibid., p. 27.
140. Ibid., p. 28.
141. SAFATLE, Vladimir. Op. cit., 2015.
142. Ibid.
143. Ibid. Grifo meu.
144. Ibid.
145. RODRIGUES, Carla. "Pelo direito à indiferença". *Revista Estudos Feministas*, v. 22, n. 1, 2014.
146. Ibid.
147. Ibid.
148. Digo "em geral" porque certas perspectivas identitárias se fundam na dimensão biológica e afirmam diferenças constitutivas (por exemplo, entre homens e mulheres) que devem ser reconhecidas e permanecer como tais.
149. FOUCAULT, Michel. Op. cit.
150. Ibid.
151. RODRIGUES, Carla. Op. cit.
152. Ibid.
153. RISÉRIO, Antonio. Op. cit., p. 41.
154. Ibid., p. 41.
155. Essas declarações constam do ensaio "Meu presidente era preto", de Ta-Nehisi Coates. *Piauí*, n. 125, 2017.
156. Ibid.
157. Ibid.
158. <http://odia.ig.com.br/diversao/carnaval/2017-02-02/marchinhas-tradicionais-ameacadas.html>.

159. FISH, Stanley. *There's no such thing as free speech, and it's a good thing too*. Oxford University Press, 1994. E-book, cap. 3.
160. Ibid., Introdução.
161. Ibid., cap. 3.
162. HUME, Mick. *Direito a ofender:* a liberdade de expressão e o politicamente correto. Lisboa: Tinta-da-China, 2016, p. 43.
163. Ibid., p. 29-30.
164. Ibid., p. 133.
165. FISH, Stanley. Op. cit., Introdução.
166. Ibid., cap. 5.
167. Digo aparentemente porque certos limites legais à liberdade de expressão – como vazamento de documentos do Estado ou incitação à violência – deslocam a perspectiva categórica para uma perspectiva consequencialista, na medida em que esses limites revelam certa finalidade da lei, ou seja, certa ideia do que deva ser o funcionamento social. E aí já estamos no campo do político. E então a questão retorna: político segundo os interesses de quem?
168. BIZZOCCHI, Aldo. "A mentalidade de cada língua". *Língua portuguesa*, ano 4, n. 45, julho de 2009.
169. GERSEN, Jeannie Suk. "The trouble with teaching rape law". *The New Yorker*, dez. 2014.
170. <http://exame.abril.com.br/brasil/blocos-do-rio-e-sp-deixam-de-tocar--musicas-consideradas-ofensivas/>.
171. Ibid.
172. <www.otempo.com.br/cidades/prefeitura-de-contagem-censura-marchinhas-de-carnaval-1.787059>.
173. <https://oglobo.globo.com/rio/maria-sapatao-zeze-sao-banidos-da-folia--carioca-20846897#ixzz4jtEvAU92>.
174. <http://exame.abril.com.br/brasil/blocos-do-rio-e-sp-deixam-de-tocar-musicas-consideradas-ofensivas/>.
175. <http://emais.estadao.com.br/noticias/comportamento,marchinhas-classicas-comecam-a-ser-banidas-de-blocos-de-carnaval-do-rio,70001647658>.
176. <http://exame.abril.com.br/brasil/blocos-do-rio-e-sp-deixam-de-tocar-musicas-consideradas-ofensivas/>.
177. Ver link acima..
178. <www.nexojornal.com.br/expresso/2017/02/10/As-marchinhas-cl%C3%A1ssicas-em-xeque.-E-o-debate-sobre-o-Carnaval-%E2%80%98-politicamente-correto%E2%80%99>.
179. <https://oglobo.globo.com/rio/maria-sapatao-zeze-sao-banidos-da-folia-carioca-20846897#ixzz4jtEvAU92>.
180. <http://exame.abril.com.br/brasil/blocos-do-rio-e-sp-deixam-de-tocar--musicas-consideradas-ofensivas/>.

181. Apud BUTLER, Judith. *Gender trouble:* feminism and the subversion of identity. Nova York: Routledge, 2007. E-book, cap. v.
182. <http://exame.abril.com.br/brasil/blocos-do-rio-e-sp-deixam-de-tocar-musicas-consideradas-ofensivas/>.
183. CORRÊA, Mariza. "A invenção da mulata". In: RODRIGUES, Carla; BORGES, Luciana; RAMOS, Tânia Regina Oliveira (Orgs.). *Problemas de gênero.* Rio de Janeiro: Funarte, 2016, p. 171, coleção Ensaios Brasileiros Contemporâneos.
184. Ibid., p. 172.
185. Ibid., p. 171.
186. Ibid., p. 172.
187. Ibid., p. 172.
188. <www1.folha.uol.com.br/colunas/ruycastro/2017/02/1855416-0-carnaval-dos-ofendidos.shtml>.
189. <www.revistaforum.com.br/2015/02/13/marchinhas-tradicao-ou-preconceito/>.
190. WEST, Cornel. *Race matters.* Boston: Beacon Press, 2001. E-book, cap. 7.
191. CANDIDO, Antonio. Op. cit., p. 148.
192. Ibid., p. 149.
193. RISÉRIO, Antonio. Op. cit., p. 296.
194. Ibid., p. 296.
195. Ibid., p. 297.
196. TINHORÃO, José Ramos. *Música popular:* um tema em debate. São Paulo: Editora 34, 1997, p. 20.
197. Ibid., p. 20.
198. Ibid., p. 63.
199. MAMMÌ, Lorenzo. Op. cit.
200. VELOSO, Caetano. "Primeira feira de balanço". In: *O mundo não é chato.* Org. Eucanaã Ferraz. São Paulo: Companhia das Letras, 2005, p. 145.
201. Ver, a propósito, o livro de Carlos Sandroni: *Feitiço decente:* transformações do samba no Rio de Janeiro (1917-1933). Rio de Janeiro: Jorge Zahar/Editora UFRJ, 2001.
202. WISNIK, José Miguel. "Machado maxixe". In: *Sem receita:* ensaios e canções. São Paulo: Companhia das Letras, 2004. Ver também MACHADO, Cacá. *O enigma do homem célebre:* ambição e vocação de Ernesto Nazareth. Rio de Janeiro: Instituto Moreira Salles, 2007.
203. RISÉRIO, Antonio. Op. cit., p. 291.
204. Ibid., p. 291.
205. Ibid., p. 291.
206. Ibid., p. 291.
207. <http://azmina.com.br/2016/04/apropriacao-cultural-e-um-problema-do-sistema-nao-de-individuos/>.

208. Ver, por exemplo, o debate entre Carlos Sandroni e Caetano Veloso a propósito da leitura que este último faz de "Feitiço da Vila". O debate teve lugar no blog de Caetano, Obra em Progresso, já apagado. Mas foi publicado na edição mais recente do livro de Sandroni, *Feitiço decente*, aqui já citado.
209. <www.facebook.com/thaaune/posts/1929800557240170>.
210. <https://brasil.elpais.com/brasil/2017/02/20/opinion/1487597060_574691.html>.
211. FISH, Stanley. Op. cit., cap. IV.
212. Ibid., Introdução.
213. COSTA E SILVA, Alberto da. *Um rio chamado Atlântico:* a África no Brasil e o Brasil na África. Rio de Janeiro: Nova Fronteira, 2003. E-book, cap. "O Brasil, a África e o Atlântico no século XIX".
214. Ibid., cap. "Ser africano no Brasil dos séculos XVIII e XIX".
215. Ibid.
216. Ibid.
217. <www.youtube.com/watch?v=8Q_H99xE9_U>.
218. <www.geledes.org.br/na-polemica-sobre-turbantes-e-branquitude-que-nao-quer-assumir-seu-racismo/>.
219. Ver link acima.
220. Ver link acima.
221. A expressão é de José Miguel Wisnik em *Veneno remédio:* o futebol e o Brasil. Op. cit.
222. <www1.folha.uol.com.br/cotidiano/2017/02/1861267-polemica-sobre-uso-de-turbante-suscita-debate-sobre-apropriacao-cultural.shtml>.
223. Ver link acima.
224. <https://medium.com/@guilhermeassis/o-turbante-m%C3%A1gico-de-eliane-brum-57cfbc839a18>.
225. Ver link acima.
226. Ver link acima.
227. Ver link acima.
228. Ver link acima.
229. Ver link acima.
230. <http://azmina.com.br/2016/04/apropriacao-cultural-e-um-problema-do-sistema-nao-de-individuos/>.
231. <www.youtube.com/watch?v=8Q_H99xE9_U>.
232. Como as pressões exercidas sobre a marca Farm, por ter lançado uma campanha em que várias modelos brancas usavam turbantes, sem que houvesse qualquer modelo negra.
233. Post de 24/05/2017.
234. FREYRE, Gilberto. Op. cit., p. 441.

235. Esse uso do pronome "nós", que hoje a muitos soa escandaloso, evidencia, diga-se de passagem, a mudança de consciência relativa a essas questões.
236. Ver, a propósito, DAVIS, Angela. Op. cit.
237. FREYRE, Gilberto. Op. cit., p. 423.
238. DAVIS, Angela. Op. cit., p. 304.
239. STUDART, Heloneida. "A lógica da feiura e a feiura da lógica". In: *Problemas de gênero*. Op. cit., p. 395.
240. WEST, Cornel. Op. cit., p. 196.
241. <http://virgula.uol.com.br/musica/voce-nao-presta-7-estereotipos-racistas-reforcados-por-mallu-magalhaes-em-clipe/#img=1&galleryId=1079011>.
242. Ver link acima.
243. Post de 17/02/2017.
244. "Sororidade" (do latim *soror*, que significa "irmã") designa a aliança política, psicológica e emocional entre mulheres.
245. Post de 22/02/2017.
246. Post de 13/04/2016.
247. Ibid.
248. Post de 14/04/2016.
249. Post de 21/02/2017.
250. BADINTER, Elisabeth. Op. cit., p. 24.
251. Post no Facebook em 07/03/2017.
252. Ibid.
253. RONSON, Jon. Op. cit., cap. IV.
254. BADINTER, Elisabeth. Op. cit., p. 69.
255. Ibid., p. 81.
256. Apud RONSON, Jon. Op. cit., cap. V.
257. Ibid., cap. VII.
258. Post de 08/03/2017.
259. Cito de memória, pois a declaração foi apagada sem que eu lhe tivesse feito um *print*. Eu os fiz, entretanto, dos comentários que transcreverei adiante.
260. Post de 27/03/2017.
261. RAWLS, John. *Uma teoria da justiça*. São Paulo: Matins Fontes, 2016, p. 104.
262. FREUD, Sigmund. Op. cit., p. 95.
263. Ibid., p. 103.
264. Ibid., p. 111.
265. Aqui Freud estava descrevendo o fenômeno do nazismo *avant la lettre*.
266. Ibid., p. 88.
267. Ibid., p. 87.
268. Ibid., p. 89.

269. O Tumblr foi apagado pelos responsáveis por sua publicação.
270. <http://escrevalolaescreva.blogspot.com.br/2014/12/um-pouco-mais-sobre-o-caso-do-professor.html>.
271. <www.idelberavelar.com>. Post de 04/12/2014. No momento em que escrevo, a página não está no ar.
272. <http://panenopantano.cartacapital.com.br/2014/12/e-ai-resolvi-escrever-sobre-o-caso-idelber>.
273. Ibid.
274. KIPNIS, Laura. *Unwanted advances:* sexual paranoia comes to Campus. Nova York: Harper Collins, 2017. E-book, Introdução.
275. Ibid. Carregando colchões, referindo-se assim à forma de protestos inaugurada pela então estudante Emma Sulkovicz, que havia acusado um aluno da mesma universidade (Columbia) de estuprá-la – e portanto comparando uma situação de estupro com a publicação de ideias.
276. Ibid.
277. A secretária de Educação dos Estados Unidos, Betsy DeVos, declarou em setembro de 2017 que pretende rever o modo de funcionamento do Title IX, a partir da constatação de que ele não opera segundo os princípios elementares de um *due process*. "A verdade é que o sistema estabelecido pela administração anterior falhou com muitos estudantes", disse a secretária da administração Trump. Ela observou ainda que o respeito pelos devidos processos legais é "a fundação de qualquer sistema de justiça que busca um resultado justo". Cf. <http://edition.cnn.com/2017/09/07/politics/betsy-devos-education-department-title-ix/index.html>.
278. Ibid.
279. Ibid.
280. Ibid.
281. Ibid., cap. 3.
282. Ibid., cap. 1.
283. Ibid., cap. 2. Esse comportamento pode não ser, por si só, evidência de que não houve abuso sexual. Mas junto aos demais – o fato de a acusadora sequer se lembrar se houve sexo, e a prova material de que o professor havia dormido em um hotel – converge para, no mínimo, estabelecer uma dúvida sobre a veracidade da acusação.
284. Ibid., Introdução.
285. Ibid., cap. 1.
286. BADINTER, Elisabeth. Op. cit., p. 150.
287. Ibid., p. 161.
288. Ibid., p. 161.
289. Mas, no meu entender, o problema não pode ser pensado sob uma perspectiva sumária, do tipo "tudo ou nada". É preciso levar em conta o

quanto o regime patriarcal foi erodido nas últimas décadas – notadamente no campo sexual, a partir dos anos 1960.
290. KIPNIS, Laura. Op. cit., cap. 2.
291. Ver HANISCH, Carol. "The personal is political". Disponível em: <www.carolhanisch.org/CHwritings/PIP.html>.
292. <http://escrevalolaescreva.blogspot.com.br/2014/11/se-ele-fosse-assim-publicamente-nao-lhe.html>.
293. <http://imgur.com/GgwLidj>.
294. Considero essa percepção pertinente, mas, ao mesmo tempo, penso que o âmbito jurídico é uma instância ainda assim mais capaz de produzir resultados justos do que os julgamentos morais nas redes digitais, pelas razões já expostas ao longo deste livro.
295. <https://desinformemonos.org/no-brasil-os-protestos-de-uma-sociedade-nova/>.
296. RAWLS, John. Op. cit., p. 32.
297. Ibid., p. 442.
298. Ibid., p. 135.
299. Ibid., p. 4.
300. KANT, Immanuel. *Fundamentação da metafísica dos costumes e outros escritos*. São Paulo: Martin Claret, 2011, p. 58.
301. Ibid., p. 58.
302. Ibid., p. 58.
303. Ibid., p. 59.
304. RAWLS, John. Op. cit., p. 34.

© Francisco Bosco, 2017

Todos os direitos desta edição reservados à Todavia.

Grafia atualizada segundo o Acordo Ortográfico da Língua Portuguesa de 1990, que entrou em vigor no Brasil em 2009.

capa
Pedro Inoue
preparação
Mariana Donner
revisão
Ana Alvares
Renata Lopes Del Nero

1ª reimpressão, 2022

Dados Internacionais de Catalogação na Publicação (CIP)

Bosco, Francisco (1976-)
A vítima tem sempre razão? : Lutas identitárias e o novo espaço público brasileiro / Francisco Bosco. —
1. ed. — São Paulo : Todavia, 2017.

ISBN 978-85-93828-28-7

1. Ensaio. 2. Espaço público. 3. Lutas identitárias. 4. Redes sociais. I. Título.

CDD B869.4

Índice para catálogo sistemático:
1. Literatura brasileira : Ensaio B869.4

Bruna Heller — Bibliotecária — CRB 10/2348

todavia
Rua Luís Anhaia, 44
05433.020 São Paulo SP
T. 55 11. 3094 0500
www.todavialivros.com.br

fonte
Register*
papel
Pólen soft 80 g/m²
impressão
Geográfica